300
RAISONS D'AIMER
NEW YORK

Édition: Élizabeth Paré et François Couture
Design graphique: Josée Amyotte
Traitement des images: Mélanie Sabourin
Correction: Odile Dallaserra
Photographies: Marie-Joëlle Parent

Données de catalogage disponibles auprès de
Bibliothèque et Archives nationales du Québec

AVERTISSEMENT

Ville assoiffée de nouvelles tendances, New York est en
constante mutation, de sorte que la durée de vie
moyenne des bars, restaurants et hôtels est très variable.
Jusqu'au moment d'aller sous presse, j'ai traversé et
retraversé les quartiers de la ville pour m'assurer que les
informations contenues dans ce livre étaient à jour.
Cependant, comme nul n'est à l'abri du temps qui passe,
sachez que certains commerces pourraient avoir
déménagé ou fermé leurs portes lorsque vous visiterez
New York. Les menus, prix, tarifs et heures d'ouverture,
donnés à titre indicatif, sont aussi sujets à changement.
Les points permettant de situer les lieux sur les cartes ne
sont donnés qu'à titre indicatif seulement.
Bonne visite!

Suivez Marie-Joëlle Parent sur Instagram:
@mariejoelleparent

Gouvernement du Québec – Programme de crédit
d'impôt pour l'édition de livres – Gestion SODEC –
www.sodec.gouv.qc.ca

L'Éditeur bénéficie du soutien de la Société de
développement des entreprises culturelles du Québec
pour son programme d'édition.

Conseil des Arts   Canada Council
du Canada   for the Arts

Nous remercions le Conseil des Arts du Canada de l'aide
accordée à notre programme de publication.

Nous reconnaissons l'aide financière du gouvernement
du Canada par l'entremise du Fonds du livre du Canada
pour nos activités d'édition.

DISTRIBUTEURS EXCLUSIFS:
Pour le Canada et les États-Unis:
MESSAGERIES ADP inc.*
2315, rue de la Province
Longueuil, Québec J4G 1G4
Téléphone: 450-640-1237
Télécopieur: 450-674-6237
Internet: www.messageries-adp.com
* filiale du Groupe Sogides inc.,
filiale de Québecor Média inc.

Pour la France et les autres pays:
INTERFORUM editis
Immeuble Paryseine, 3, allée de la Seine
94854 Ivry CEDEX
Téléphone: 33 (0) 1 49 59 11 56/91
Télécopieur: 33 (0) 1 49 59 11 33
Service commandes France Métropolitaine
Téléphone: 33 (0) 2 38 32 71 00
Télécopieur: 33 (0) 2 38 32 71 28
Internet: www.interforum.fr
Service commandes Export – DOM-TOM
Téléphone: 33 (0) 2 38 32 78 86
Internet: www.interforum.fr
Courriel: cdes-export@interforum.fr

Pour la Suisse:
INTERFORUM editis SUISSE
Route André Piller 33A, 1762 Givisiez – Suisse
Téléphone: 41 (0) 26 460 80 60
Télécopieur: 41 (0) 26 460 80 68
Internet: www.interforumsuisse.ch
Courriel: office@interforumsuisse.ch
Distributeur: OLF S.A.
ZI. 3, Corminboeuf
Route André Piller 33A, 1762 Givisiez – Suisse
Commandes:
Téléphone: 41 (0) 26 467 53 33
Télécopieur: 41 (0) 26 467 54 66
Internet: www.olf.ch
Courriel: information@olf.ch

Pour la Belgique et le Luxembourg:
INTERFORUM BENELUX S.A.
Fond Jean-Pâques, 6
B-1348 Louvain-La-Neuve
Téléphone: 32 (0) 10 42 03 20
Télécopieur: 32 (0) 10 41 20 24
Internet: www.interforum.be
Courriel: info@interforum.be

05-15

Dépôt légal: 2015
Bibliothèque et Archives nationales du Québec
ISBN 978-2-7619-4158-7

MARIE-JOËLLE PARENT

300

RAISONS D'AIMER
NEW YORK

Table des matières

Introduction

Mon amour pour New York remonte à mon tout premier voyage à Manhattan à la fin des années 1980. J'avais à peine 8 ans et je me souviens encore de l'effet qu'avait eu sur moi cette ville exaltante. Selon la légende familiale, en quittant la cité, assise sur la banquette arrière de la voiture, je m'étais retournée en criant : « Adieu, New York! Je reviendrai! » Et voilà qu'en 2009, j'étais de retour pour de bon. Nommée correspondante à New York pour les médias de Québecor, j'allais commencer mon aventure new-yorkaise. Je me souviendrai toujours de ce soir de janvier, lorsque j'ai posé mes valises dans un appartement vide, dans les hauteurs d'une tour au cœur de Manhattan. Seule au milieu de la pièce illuminée par les néons de Times Square, j'ai compris que ma vie venait de prendre un tournant décisif.

Être journaliste dans la Grosse Pomme est le plus beau des passeports. Les portes de la citadelle s'ouvrent et les invitations déferlent. Les rues, elles, deviennent des univers à explorer. En six ans, j'ai couvert un nombre incalculable d'événements et exploré la ville de fond en comble, à vélo, à pied et en métro.

Après avoir accumulé des centaines d'adresses dans mon carnet, eu coup de cœur sur coup de cœur et fait d'inoubliables rencontres, j'ai eu l'idée de partager, sous forme de recueil, 300 raisons d'aimer cette ville étonnante – celles qui ont fait en sorte que je suis moi-même tombée amoureuse de New York, un peu plus chaque jour. Il s'agit aussi bien de restaurants, de cafés, de musées, d'hôtels, de bateaux, d'immeubles, de rues ou de personnages.

Répertoriés par quartier, ces multiples prétextes pour « tomber en amour » ne vous mèneront pas qu'à Manhattan, mais aussi dans plusieurs quartiers de Brooklyn et de Queens ; sur Governors Island, Roosevelt Island, City Island ; et, au nord de Manhattan, dans la vallée de l'Hudson.

Je tenais, pour ceux qui n'ont pas la chance de visiter la ville, à ce que cet ouvrage soit une fenêtre sur New York. Ce sont toujours quelques parcelles de l'âme de cette métropole que je cherche à transmettre à travers mes photos et mes portraits de personnages.

S'agissant des New-Yorkais, on me demande souvent s'ils sont gentils. À dire vrai, la réputation qui les précède (on les dit bêtes, pressés, égocentriques) est erronée. Ils sont au contraire amicaux et prêts à aider. Ils aiment se confier aux étrangers et vous parleront sans pudeur de l'impossibilité de trouver l'âme sœur à New York, du coût exorbitant des loyers, de la chaleur suffocante du mois d'août, du métro qui tombe en ruine, des rues bondées, du bruit constant, du dernier

restaurant à essayer ou de leur quartier qui s'embourgeoise dangereusement.

Il existe de nombreuses citations célèbres à propos de New York, mais à mes yeux celle qui colle le mieux à la ville vient du journaliste Alistair Cooke : « New York est la plus grande collection de villages sur terre. » Il a raison : New York, c'est un peu une planète en soi, une mosaïque de cultures qui vivent les unes contre les autres dans une harmonie rarement ébranlée. À New York, on célèbre la différence et les classes sociales se mélangent.

J'aime avant tout New York pour ces bribes de conversations avec ces étrangers qu'on ne reverra jamais, pour ce sourire échangé avec un passager dans un train voisin, pour ce vieillard qui retire ses mitaines pour vous réchauffer les mains dans le métro, pour cette caissière à l'épicerie qui vous appelle « My Love ». New York est anxiogène et intimidante à vol d'oiseau, mais familière quand on déambule dans le quadrillage de ses rues. J'aime cette ville qui draine votre énergie, mais qui vous procure en retour des moments de bonheur à tous les coins de rue. Ces bonheurs sont à la portée de ceux qui savent les capter, ceux qui savent lire la foule.

«New York est la plus grande collection de villages sur terre.»

Mes « TOPS »

TOP 5   MES RESTOS PRÉFÉRÉS
1 **ABC Kitchen** [35 E 18th St]
2 **Indochine** [430 Lafayette St]
3 **Bar Pitti** [268 6th Ave]
4 **Terra** [222 W Broadway]
5 **Cafe Mogador** [101 St. Marks Pl; 133 Wythe Ave, Brooklyn]

TOP 5   MEILLEURES PIZZAS
1 **Co.** [230 9th Ave]
2 **Lucali** [575 Henry St, Brooklyn]
3 **Paulie Gee's** [60 Greenpoint Ave, Brooklyn]
4 **Roberta's** [261 Moore St, Brooklyn]
5 **Kesté** [271 Bleecker St]
Mention honorable: **Don Antonio** [309 W 50th St] et **Rubirosa** [235 Mulberry St]

TOP 5   MEILLEURS HAMBURGERS
1 **Minetta Tavern** [113 Macdougal St]
2 **Brindle Room** [227 E 10th St]
3 **Corner Bistro** [331 W 4th St]
4 **Burger Joint** de l'hôtel Parker Meridien [119 W 56th St]
5 **Peter Luger** [178 Broadway, Brooklyn]

TOP 10   MEILLEURS CAFÉS
1 **La Colombe** [319 Church St]
2 **Laughing Man** [184 Duane St]
3 **Toby's Estate** [125 N 6th St, Brooklyn]
4 **Abraço Espresso** [86 E 7th St]
5 **Ground Support** [399 W Broadway]
6 **Brooklyn Roasting Company** [25 Jay St, Brooklyn]
7 **Ninth Street Espresso** [341 E 10th St]
8 **Gimme Coffee** [228 Mott St]
9 **Café Grumpy** [224 W 20th St]
10 **Stumptown** [30 W 8th St et 18 W 29th St]

TOP 10 LES BARS SUR LE TOIT

1 **The Ides**, au sommet de l'hôtel Wythe dans le quartier Williamsburg, vue sur Manhattan, idéal au coucher du soleil [80 Wythe Ave, Brooklyn]
2 **Le Bain**, terrasse sur le toit de l'hôtel Standard dans le Meatpacking District avec meubles rétro et kiosque de crêpes [848 Washington St]
3 **Gallow Green**, jardin avec meubles antiques sur le toit du McKittrick Hotel dans Chelsea. Aussi ouvert le week-end pour le brunch [542 W 27th St]
4 **Refinery Rooftop**, bar dans le quartier de la mode avec vue sur l'Empire State Building [63 W 38th St]
5 **Gramercy Park Hotel**, terrasse verdoyante sur le toit de l'hôtel avec vue sur le Chrysler Building [2 Lexington Ave]
6 **The Roof** à l'hôtel Viceroy, bar luxueux de style nautique. La terrasse offre une vue sur Central Park [124 W 57th St]
7 **Le Press Lounge** de l'hôtel Ink48, terrasse immense avec vue sur le fleuve Hudson et Midtown [653 11th Ave]
8 **Hotel Pod 39**, superbe terrasse colorée avec arches en briques rouges et vue sur Midtown [145 E 39th St]
9 **Birreria**, brasserie sur le toit du marché Eataly avec vue sur le Flatiron Building [200 5th Ave]
10 **Sonny's Soda Shoppe**, bar italien sur le toit de l'hôtel Mondrian SoHo [9 Crosby St]

TOP 10 LES PLUS BELLES RUES

1 **Pomander Walk**, Upper West Side
2 **Warren Place Mews**, Cobble Hill
3 **Grace Court Alley**, Brooklyn Heights
4 **Love Lane Mews**, Brooklyn Heights
5 **Sylvan Terrace**, Washington Heights
6 **Washington Mews**, Greenwich Village
7 **Grove Court**, West Village
8 **MacDougal Alley**, Greenwich Village
9 **Patchin Place**, Greenwich Village
10 **Block Beautiful** [E 19th St, entre 3rd Ave et Irving Pl], Gramercy

TOP 20 HÔTELS-BOUTIQUES
1. **Greenwich Hotel**, dans TriBeCa
(hôtel de Robert De Niro avec cour intérieure et piscine souterraine)
2. **Gramercy Park Hotel**, dans Gramercy (hôtel luxueux avec jardin sur le toit)
3. **Crosby Street Hotel**, dans SoHo (hôtel rempli d'œuvres d'art avec salon de thé)
4. **The NoMad Hotel**, dans le quartier NoMad
(hôtel de style parisien avec un restaurant réputé)
5. **The Marlton Hotel**, dans Greenwich Village
(immeuble historique de style parisien et ancien repaire d'artistes)
6. **Ace Hotel**, dans le quartier NoMad (hôtel hip pour la jeunesse branchée)
7. **Wythe Hotel**, à Williamsburg, Brooklyn (hôtel branché avec bar sur le toit,
restaurant et chambres avec lits superposés pour les groupes de musique)
8. **The Bowery Hotel**, dans NoHo (hôtel tendance fréquenté par plusieurs stars)
9. **The Jane**, dans West Village (immeuble historique au bord de l'Hudson avec
beaucoup de charme et de toutes petites chambres)
10. **The High Line Hotel**, dans Chelsea (dans un ancien séminaire, tout près du High Line Park)
11. **The Mercer**, dans SoHo (le préféré des stars, situé au cœur de l'action)
12. **The Broome**, dans SoHo (chambres donnant sur une cour intérieure)
13. **The Standard Hotel**, dans East Village
(plusieurs salles à manger, terrasses et vue panoramique sur New York)
14. **The Standard Hotel**, dans le Meatpacking District
(fréquenté par les gens de l'industrie de la mode, dans une tour de style soviétique
avec baies vitrées et vue sur le High Line Park)
15. **The Ludlow**, dans Lower East Side (plusieurs chambres avec terrasse privée)
16. **Smyth Hotel**, dans TriBeCa
(très bien placé, chic et confortable, avec superbe lounge et bar)
17. **Hotel Hugo**, dans Soho
(hôtel design près du fleuve Hudson, en retrait des zones touristiques)
18. **Le Martha Washington**, dans le quartier NoMad (construit en 1903 et
restauré en 2014, cet hôtel historique était autrefois réservé aux femmes)
19. **The Jade Hotel**, dans Greenwich Village
(bien situé, dans une rue résidentielle, et chambres au style Art déco)
20. **Refinery Hotel**, dans Garment District
(situé dans le quartier de la mode, l'hôtel était jadis une fabrique de chapeaux)

TOP 10   HÔTELS ABORDABLES ET BIEN SITUÉS

1   Le **Sheraton**, dans TriBeCa
(rénové, terrasse sur le toit avec vue sur Manhattan et petit déjeuner compris)
2   L'**Hudson**, dans Midtown, près de Central Park
(les chambres sont petites, mais les prix varient de 100 $ à 300 $.
Décor du designer Philippe Starck)
3   Le **NYLO**, dans Upper West Side
(certaines chambres ont des balcons privés, dont une terrasse au 16ᵉ étage
avec vue superbe sur Central Park)
4   Le **Duane Street Hotel**, dans TriBeCa
(chambres petites mais fonctionnelles, dans une des plus belles rues du quartier)
5   Le **Gershwin Hotel**, dans le quartier NoMad
(hôtel excentrique, les chambres coûtent en moyenne 200 $, avec Internet sans fil)
6   Hôtels **Pod 39** et **Pod 51** dans Midtown
(les chambres sont minuscules, mais fonctionnelles, à moins de 200 $ la nuit,
Internet sans fil gratuit)
7   **Holiday Inn**, en plein cœur de SoHo
(bien situé, chambres en moyenne à 189 $)
8   **La Quinta Inn Manhattan**
(à deux pas de l'Empire State Building, rénové et chambres à environ 219 $ la nuit)
9   **Chelsea Lodge**
(bed & breakfast au décor charmant, dans une maison de type Brownstone)
10 **YMCA West Side**
(très abordable, de type auberge de jeunesse, à deux pas de Central Park)

La renaissance de Manhattan

Financial District. TriBeCa. Chinatown

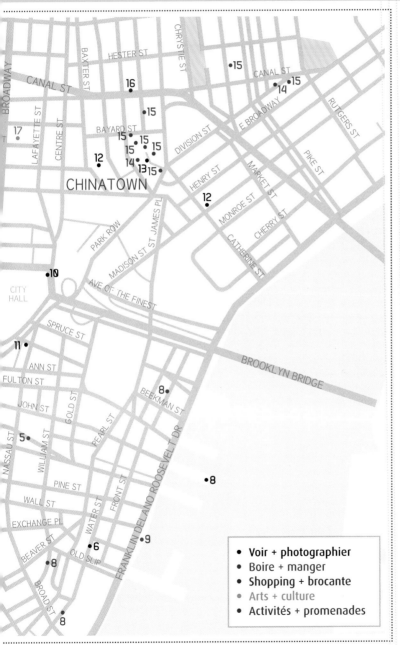

- **Voir + photographier**
- **Boire + manger**
- **Shopping + brocante**
- Arts + culture
- **Activités + promenades**

MAY

L'historien de la rue

Depuis 13 ans, **Harry John Roland** se rend chaque jour sur le site du World Trade Center. Qu'il pleuve ou qu'il neige, il est là, planté à l'angle de Liberty Street et de Greenwich Street, avec une seule mission : que l'on n'oublie pas. On peut le voir frotter et polir le mur de bronze érigé en l'honneur des pompiers disparus, celui qui longe la célèbre caserne de Ground Zero. À New York, on le surnomme Harry History. Les travailleurs du site l'ont adopté. « Ils m'ont fait visiter le chantier quelques fois, dit-il. Ils m'informent des derniers détails. »

L'homme d'une soixantaine d'années est un passionné d'histoire, mais surtout une encyclopédie vivante, puisqu'il sait tout des tours jumelles. Depuis les attentats du 11 septembre 2001, ces tours sont devenues pour lui une véritable obsession.

Il hurle aux touristes les mêmes phrases sans arrêt : « Ne laissez pas l'histoire devenir un mystère ! Combien d'immeubles se trouvaient ici et n'y sont plus ? Ne dites pas deux ! » La plupart des touristes n'en ont aucune idée. Avec les années, les détails s'effacent de la mémoire collective. « Il y en avait sept », réplique Harry John Roland. Il raconte aux gens, avec minutie, l'histoire des attentats, et il leur pose des questions : « Combien de pompiers sont morts ce jour-là, madame ? » « Trois cent quarante-trois », répond une touriste. « C'est exact », dit Roland, qui vit grâce aux pourboires que lui donnent les passants.

Le mémorial du World Trade Center

2 Ce n'est pas le genre d'endroit où les New-Yorkais s'attardent, mais une visite s'impose, ne serait-ce que pour se recueillir devant les deux fontaines pour rendre hommage aux quelque 3000 disparus du 11-Septembre.

Le **mémorial**, ce sont deux grands bassins de 4000 mètres carrés chacun, aménagés dans les empreintes des tours jumelles et alimentés par des chutes d'eau. Les noms des 2983 victimes sont gravés tout autour sur des plaques de bronze.

Le bruit des chutes de 10 mètres étouffe les murmures de la ville. « Le plus grand défi était de créer un endroit de recueillement qui conviendrait aux familles, mais aussi un lieu public que les New-Yorkais auraient envie de s'approprier », m'a confié Michael Arad, l'architecte israélo-américain qui a travaillé pendant huit ans à ce projet audacieux.

Les deux bassins du mémorial comportent les plus grandes fontaines en Amérique du Nord ; elles ont d'ailleurs été conçues au Canada, dans la cour de l'architecte et sculpteur ontarien Dan Euser. Elles déversent 197 000 litres d'eau recyclée à la minute, 365 jours par année.

Quant au **September 11 Memorial & Museum**, il se trouve 21 mètres sous le mémorial. L'espace d'exposition regroupe 10 000 objets, dont la célèbre croix de Ground Zero, l'escalier des survivants (Survivors' Staircase), près de 23 000 photos des événements, 500 heures de films et vidéos, et 1970 témoignages oraux au sujet des disparus. Je vous préviens, cette visite est bouleversante.

Depuis 2015, le grand public peut maintenant visiter le **One World Observatory**, la plate-forme d'observation multimédia située au 100e étage de la nouvelle tour One World Trade Center. Les ascenseurs sont les plus rapides au monde.

Le funambule des tours jumelles

Il est difficile de croire qu'à l'époque, dans les années 1970, les New-Yorkais n'aimaient pas les tours jumelles: ils les trouvaient trop «utilitaires». Toujours est-il que, un peu plus d'un an après l'inauguration du **World Trade Center** en 1973, le Français **Philippe Petit** a réalisé ce que plusieurs ont appelé le «crime artistique du siècle» («crime», puisque ces acrobaties sont illégales). Le 7 août 1974, il a marché sur un fil de fer tendu entre les tours jumelles. Sa traversée a duré 45 minutes et l'histoire a fait le tour du monde.

Depuis les attentats du 11-Septembre, l'exploit du funambule a pris une toute nouvelle dimension, puisque, avant d'accomplir sa traversée à 417 mètres au-dessus des trottoirs de Manhattan, Petit avait dû déjouer la sécurité pour transporter au 104e étage de la tour Sud un câble d'acier de 200 kilos et une barre de 8 mètres de long. Une telle chose serait impensable de nos jours.

«Aujourd'hui, on m'abattrait sur-le-champ», m'a confié Philippe Petit à l'occasion d'une entrevue à Brooklyn dans un hangar où l'on s'entraîne à l'escalade et aux arts du cirque. Lors d'une visite chez le dentiste en 1968, le jeune Philippe était tombé sur un magazine renfermant des photos du World Trade Center alors en construction. Désormais obnubilé par les tours jumelles, il s'était mis à collectionner tout ce qui se rapportait à elles.

Par la suite, Petit est venu à New York à plusieurs reprises, a étudié les tours, leur vacillement au sommet, et il a observé la routine des employés. Il lui a fallu six ans pour mettre son projet à exécution. Pour financer l'opération, il a emprunté 20 000 $ à des amis et les a remboursés plusieurs années plus tard. Pour faire passer le fil de fer d'une tour à l'autre, lui et ses complices ont utilisé un arc et une flèche. Du fil à pêche

était attaché à la flèche, puis un fil plus gros était noué au fil à pêche, et ainsi de suite, jusqu'à ce que les hommes puissent tendre le câble d'acier entre les deux tours.

Finalement, peu après 7 heures le matin du 7 août 1974, Philippe Petit a franchi à 8 reprises les 43 mètres qui séparaient les tours. Un demi-kilomètre plus bas, les passants ahuris l'observaient.

L'exploit du Français a scellé à jamais son amour pour New York. Il habite aujourd'hui une ferme au nord de la ville. Il a installé des fils de fer dans le jardin et s'entraîne encore trois heures chaque jour. Il a aussi écrit une dizaine de romans et donne des conférences sur la créativité un peu partout dans le monde.

Je me suis risquée à aborder avec lui le délicat sujet du 11 septembre 2001. «Je n'en parle pas beaucoup, dit-il. J'étais à la ferme ce jour-là et des amis m'ont appelé, parce que je n'ai pas la télé chez moi. C'est difficile pour moi de décrire le sentiment qui m'a envahi, j'étais attaché si personnellement à ces tours.» Il les connaissait par cœur. À tel point que, après son arrestation, la police de New York lui a demandé conseil pour améliorer la sécurité du site.

Quarante ans plus tard, il lui arrive de douter d'avoir accompli un tel miracle. «J'avais l'habitude de retourner aux tours, de m'allonger sur le toit et de me remémorer cette journée de 1974. Les tours ne sont plus là aujourd'hui, mais elles sont en moi.»

En 2008, James Marsh a réalisé un film documentaire intitulé *Man on Wire*, qui raconte dans les moindres détails l'organisation de ce que Petit avait appelé le «coup», en 1974. Je suis restée hantée par cet homme dénué de peur, qui n'accepte jamais un non comme réponse.

Le parc de *food trucks*

4 Un des plus grands rassemblements de **camions-cantines (*food trucks*)** a lieu juste en face du parc Zuccotti, le berceau du mouvement Occupy Wall Street [Broadway et Cedar St]. Le midi, les banquiers de Wall Street envahissent la place pour un repas sur le pouce. C'est un des rares endroits où l'on peut encore se faire servir un café dans le célèbre gobelet en carton Anthora, celui qu'on voit dans tous les films et sur lequel on peut lire *We Are Happy To Serve You*. Depuis plus de 50 ans, on retrouve ce fameux gobelet dans les kiosques de rue et les delicatessens. Le créateur de ce contenant, Leslie Buck, est décédé en 2010. Comme la plupart des delis appartenaient à des Grecs à l'époque, M. Buck avait décidé de leur rendre hommage, ce qui explique le design du gobelet (le motif d'amphore, les couleurs du drapeau de la Grèce, etc.). À New York, le gobelet Anthora est aussi emblématique que la statue de la Liberté. Il a même sa place au Museum of Modern Art (MoMA). On peut d'ailleurs se procurer une version en céramique à la boutique du MoMA dans SoHo [81 Spring St] et dans Midtown [44 W 53rd St]. J'en offre en cadeau à tout le monde.

Marcher sur l'or

5 «Je suis venu à New York parce que j'ai entendu dire que les rues étaient pavées d'or», disait l'immigrant typique qui débarquait à New York au XIXe siècle. Ce n'est peut-être plus le cas aujourd'hui, mais on dit qu'il y a sous les rues de New York plus d'or que nulle part ailleurs. On peut le constater en visitant la **Federal Reserve Bank** dans Wall Street. En faisant une visite guidée gratuite, vous accéderez à la chambre forte, 5 étages sous terre, où l'on conserve, dit-on, près de 7000 tonnes de lingots d'or, soit l'équivalent de quelques centaines de milliards de dollars. C'est plus qu'à Fort Knox. Il faut réserver à cette adresse électronique: newyorkfed.org (Museum & Gold Tour). Les photos sont interdites [44 Maiden Ln].

Le vieux magasin de bonbons

6 La tour située au 77 Water Street est mon immeuble préféré de Wall Street. De loin, elle a l'air d'une banale tour à bureaux, mais quand on s'approche de plus près, on découvre à gauche de l'entrée principale un magasin de bonbons du XIXe siècle. Il y a aussi plusieurs sculptures d'art contemporain devant l'immeuble et des cabines téléphoniques rétrofuturistes. Sur le toit, un vieil avion rouillé de la Première Guerre mondiale est posé depuis 1969 sur une piste de faux gazon. Il n'est malheureusement visible que depuis les hauteurs des immeubles environnants. On peut par exemple l'apercevoir depuis la terrasse de l'hôtel Andaz, juste à côté.

Les œuvres en Phentex d'Olek

7 Si vous apercevez du mobilier urbain recouvert de laine Phentex rose ou mauve dans le sud de Manhattan, c'est l'œuvre de l'artiste **Olek**. Depuis quelques années, on ne peut se promener à New York sans tomber sur un vélo ou une poussette recouverts de travaux au crochet. Née Agata Oleksiak dans un petit village industriel de Pologne, l'artiste possède un studio dans Wall Street. Installée à New York depuis près de 15 ans, Olek a commencé à faire du crochet parce que c'était le moyen le moins cher de développer son talent artistique. Elle s'est fait surtout connaître pour avoir recouvert le «taureau de Wall Street» en 2010, une sculpture de bronze d'Arturo Di Modica qu'on peut admirer dans le parc Bowling Green [Broadway et Morris St].

L'autre South Street Seaport

8 Les New-Yorkais boudent ce quartier considéré comme le Times Square du sud de Manhattan, mais on y trouve tout de même quelques endroits authentiques, comme **Luke's Lobster**, un petit restaurant où l'on peut manger un *lobster roll* pour une quinzaine de dollars [26 S William St], et le pub irlandais **The Dead Rabbit** [30 Water St], où l'on propose une liste impressionnante de 72 cocktails dans un décor inspiré des années 1850. Pour un bon café, je vais chez **Jack's Coffee** [222 Front St].

J'aime aussi m'arrêter à **Pier 15**, un quai récemment rénové où se trouvent une terrasse d'observation de deux étages et plusieurs bancs. De cet endroit, la vue est spectaculaire sur East River et le pont de Brooklyn [à l'angle de South St et Fletcher St].

Au coucher du soleil, une promenade le long d'**East River** s'impose. C'est le lieu idéal pour prendre des photos des célèbres ponts de Brooklyn et de Manhattan, et pour faire la connaissance de quelques pêcheurs.

Aller à Brooklyn avec le bateau IKEA

9 À New York, la plupart des gens n'ont pas de voiture et vont donc chez IKEA en bateau. En vous promenant dans South Street Seaport, si l'envie vous prend d'aller à Brooklyn, vous pouvez prendre le **Water Taxi**, qui vous amènera directement dans le quartier Red Hook. Il s'agit de la navette express IKEA. C'est le moyen le plus rapide d'accéder à ce quartier en pleine ébullition (voir raisons n°s 253 et 255 à 257). Le bateau part du quai Pier 11 à la hauteur de Wall Street. Le week-end, le trajet est gratuit, mais coûte 5 $ la semaine. Au retour, vous serez entourés de gens transportant à bord leurs boîtes d'étagères BILLY et leurs chaises POÄNG.

La station de métro secrète

10 Il existe sous la mairie de New York une station de métro abandonnée depuis 1945. Pour la voir, il suffit de rester assis dans le train de la ligne 6 en direction sud après le dernier arrêt Brooklyn Bridge–City Hall. Le train fait ensuite demi-tour en passant par la station secrète; on l'aperçoit à travers les fenêtres. On a l'impression de découvrir le New York d'une autre époque. C'est une merveille architecturale qui rappelle les stations de Moscou avec ses plafonds voûtés, ses mosaïques, ses vitraux et ses chandeliers. La station a été abandonnée, puisqu'elle ne pouvait plus accueillir les nouvelles rames, plus longues. Le **New York Transit Museum** de Brooklyn propose occasionnellement des visites guidées de cette station.

Le palais
d'une autre époque

11 Il existe, à un jet de pierre de la mairie de New York, un immeuble unique, figé dans le temps, qui était jusqu'à tout récemment inconnu du public. Eugene Kelly, un immigrant irlandais et homme d'affaires prospère, a fait construire en 1883 un immeuble de bureaux de neuf étages qu'il a nommé le **Temple Court**.

Kelly a investi 400 000 $ dans la construction de ce joyau fait de terracotta, de boiseries, de mosaïques et de fer forgé. Le chef-d'œuvre de cet immeuble, c'est son atrium coiffé d'une pyramide de verre. On trouve au sous-sol un des plus grands coffres-forts de la ville. Au moment où j'écrivais ces lignes, le Temple Court était encore fermé au public, mais on projette de le convertir en un hôtel-boutique de 287 chambres, qui comprendra 2 restaurants haut de gamme. L'ouverture du Beekman est prévue pour 2015 [5 Beekman St; thebeekman.com].

Le vrai Chinatown

12 Quand j'ai envie de m'évader et de retomber amoureuse de New York, je me dirige vers les rues de **Chinatown**. Le « vrai » Chinatown se trouve collé sur le Lower East Side, à l'est de la Bowery, loin du secteur touristique de Canal Street et de ses revendeurs de contrefaçons. J'aime observer les marchands sur Madison Street et les résidants en pleine séance de tai chi à Columbus Park [Mulberry St et Bayard St]. Si vous avez vu le film *Gangs of New York* de Martin Scorsese, c'est là qu'était situé le célèbre quartier Five Points.

Le tunnel secret de Chinatown

13 Mes rues préférées dans ce quartier sont Pell Street et Doyers Street. On dirait des décors de cinéma. **Doyers Street**, qui fait un coude, a moins de 100 mètres de long. Au début du siècle dernier, on la surnommait « *The Bloody Angle* », parce que plusieurs meurtres y avaient été commis. Certaines victimes ou meurtriers réussissaient à s'enfuir par un tunnel secret, qui existe toujours. L'entrée se trouve à côté du magasin Coco Fashion [5 Doyers St]. Il y a quelques commerces au sous-sol. Vous ressortirez dans Chatham Square.

Un doublé dans une cave et une ancienne fumerie d'opium

14 **Bacaro** est un restaurant italien situé en plein cœur de Chinatown et un des secrets les mieux gardés du quartier. C'est un endroit que je fréquente souvent et j'y ai fêté plusieurs anniversaires. Les grandes tables de bois sont idéales pour les repas en groupe. L'établissement est en sous-sol et on a l'impression de manger dans une cave à vin [136 Division St]. Après le repas, je me dirige habituellement au bar **Apotheke**, dans une ancienne fumerie d'opium. Ici, les barmen sont habillés comme des pharmaciens et leurs cocktails auraient des vertus médicinales et même aphrodisiaques. La plupart des alcools sont infusés aux herbes. Je vous recommande le Kale in Comparison. Le bar se trouve sous l'enseigne du restaurant **Gold Flower** [9 Doyers St].

Bien manger pour quelques dollars

15 Chinatown est un des rares quartiers de New York où l'on peut manger comme un roi pour quelques dollars. Mon coup de cœur est le **Nom Wah Tea Parlor** (A), un des plus vieux restaurants du quartier. Il a ouvert ses portes en 1927. Le propriétaire est un ancien courtier de Wall Street qui a repris le commerce de son oncle. Le décor n'a pas changé depuis les années 1950 [13 Doyers St].

Prosperity Dumpling est un endroit minuscule qui ne paie pas de mine, mais on y sert d'excellents dumplings. Un plat coûte à peine 2 $ [46 Eldridge St]. **Joe's Shanghai** est le restaurant qui proclame avoir inventé les *soup dumplings*. On peut y aller très tard le soir et l'endroit est toujours plein à craquer [9 Pell St]. Pour des nouilles fraîches, **Tasty Hand-Pulled Noodles** [1 Doyers St] et **Xi'an Famous Foods** [67 Bayard St] sont mes deux endroits favoris.

Si vous aimez les fruits de mer, **Oriental Garden** est l'endroit fréquenté par plusieurs chefs lors de leur jour de congé. On peut choisir son crabe à même un aquarium [14 Elizabeth St].

Pour la crème glacée, **The Original Chinatown Ice Cream Factory** sert près de 30 saveurs originales, dont litchi, sésame, avocat, thé vert et fèves rouges [65 Bayard St].

Pour un repas santé, **Dimes** (B) est la meilleure option dans le quartier. L'étroit restaurant de style californien est reconnu pour ses salades, ses assiettes de légumes et ses bols d'açaï garnis de pollen pour déjeuner [143 Division St].

Une mise en plis à 15 $

16 New York étant une ville très humide, n'importe quelle New-Yorkaise bien avisée sait qu'il est inutile de payer 50 $ dans les salons de Midtown pour une mise en plis. Dans la plupart des salons de Chinatown, les coupes de cheveux et séchages coûtent une quinzaine de dollars. On a droit à un long massage, à deux lavages, à un séchage et à la finition au fer plat. De quoi tenir durant un ouragan. Je suis une habituée du **Mian Tian Sing Hair Salon**. Je m'enfonce dans un fauteuil et pendant une heure je suis *lost in translation*. Personne ne parle anglais, la radio crache de la musique pop chinoise et les magazines sur les tables sont tous en mandarin. Inutile de réserver, il y a toujours de la place [170 Canal St, 2ᵉ étage].

Le musée dans l'ascenseur

17 Le **Museum** est le plus petit musée de New York. Il est aménagé dans une cage d'ascenseur située au milieu d'une ruelle de TriBeCa, à la limite de Chinatown. C'est un musée d'à peine cinq mètres carrés qui rassemble des objets de la vie quotidienne de partout dans le monde, de la collection internationale de tubes de dentifrice à l'une des deux chaussures lancées par un journaliste irakien sur George W. Bush lors de sa visite à Bagdad en 2008. L'entrée est gratuite [Cortlandt Alley, entre Franklin St et White St].

17

Les cantines de TriBeCa

18 Le bar à vins **Terra** est mon restaurant favori de TriBeCa ; c'est aussi un des rares endroits du quartier où l'on peut très bien manger sans se ruiner. Le restaurant propose une grande sélection de petits plats italiens et plusieurs serveurs parlent français. Sa terrasse l'été est charmante [222 W Broadway].

J'aime aussi le bistro français **Racines** [94 Chambers St] pour son excellente sélection de vins français. Raison de plus d'y aller, le chef Frédéric Duca, originaire de Marseille, est assisté en cuisine par la Québécoise Emily Campeau.

Sole di Capri sert une cuisine authentique italienne à petit prix. Ne vous fiez pas au décor un peu kitsch, les Italiens sont des clients fidèles de ce petit restaurant sans prétention. Le propriétaire Graziano Lembo, originaire de Capri, cuisine les recettes de sa mère avec des ingrédients importés d'Italie [165 Church St].

Pour les grandes occasions, je vais chez **Locanda Verde**, le restaurant italien du chef Andrew Carmellini, situé au Greenwich Hotel. Je vous suggère de réserver à l'avance, l'endroit est aussi populaire le midi que le soir [377 Greenwich St]. Faute de place, vous pouvez vous rabattre sur l'autre restaurant du chef Carmellini dans le quartier, **Little Park** (A) [85 W Broadway].

Les autres bonnes adresses dans Greenwich Street sont **Estancia 460**, un bistro de cuisine italo-argentine [460 Greenwich St], et, juste à côté, **The Greek** [458 Greenwich St]. Ces deux restaurants ont des petites terrasses sur la rue. **Sushi Azabu** est un comptoir de sushis caché au sous-sol du restaurant de nouilles soba **Daruma-ya** [428 Greenwich St].

Dans le métro, ayez votre carte en main en arrivant aux tourniquets. Glissez-la dans une fente comme dans un lecteur de carte de crédit, ni trop lentement ni trop vite. C'est un art que je n'ai pas encore maîtrisé. #onlyinNY

18A

19A

L'heure du brunch dans TriBeCa

19 **Bubby's** (A) est de loin l'endroit le plus populaire pour les brunchs copieux. Les spécialités sont les tartes et les crêpes [120 Hudson St]. C'était un endroit fréquenté par John F. Kennedy fils et Carolyn Bessette. Le couple habitait un loft au 9e étage d'un immeuble situé tout près [20 N Moore St].

Chez **Kitchenette**, on sert milk-shakes et traditionnels biscuits dans une ambiance des années 1950 [156 Chambers St].

Le midi, j'aime bien **Mulberry & Vine**, un comptoir à salades et plats bios [73 Warren St].

Pour un croissant aux amandes divin, passez chez **Arcade Bakery** (B), une boulangerie aménagée dans un corridor de l'immeuble de bureaux sis au 220 Church Street. Le boulanger Roger Gural est renommé aux États-Unis, il a fait ses classes chez Bouchon et The French Laundry en Californie. Il prépare aussi de délicieuses pizzas individuelles sur commande.

19B

Mon quartier

20

TriBeCa, mon quartier d'adoption, tire son nom des premières lettres des mots « **Tri**angle **Be**low **Ca**nal Street ». J'aime ce quartier pour ses rues de pavés, ses petites boutiques indépendantes, son rythme de vie plus relax, et surtout parce que les touristes ne s'y aventurent pas beaucoup. C'est un quartier très familial. Certains restaurants ont même des parkings pour les poussettes.

Cette ancienne zone industrielle est aujourd'hui le quartier bourgeois du sud de Manhattan. Plusieurs vedettes y habitent, dont Jay-Z, Beyoncé et Taylor Swift. Robert De Niro possède plusieurs immeubles dans le quartier, dont le restaurant de sushis Nobu et le magnifique Greenwich Hotel, qui est un peu l'équivalent du Château Marmont à Los Angeles. Entrez pour reluquer le hall et le jardin derrière. Il y a aussi un spa avec une piscine au sous-sol, qui sont ouverts au public.

La caserne des Ghostbusters

21 **Ladder 8** est la fameuse caserne du film *Ghostbusters*. À l'intérieur, on peut voir l'enseigne originale du fantôme qui trônait au-dessus de la porte, dans le film de 1984. Aujourd'hui, la caserne est toujours en pleine activité, mais elle a été durement affectée par les attentats du 11-Septembre. Plusieurs de ses pompiers ont alors perdu la vie. Si la porte est ouverte, les pompiers vous montreront fièrement leur collection de vieux téléphones fondus, recueillis dans les maisons incendiées à travers les époques [14 N Moore St].

22A 24

Les classiques de TriBeCa

22 Malgré le renouveau incessant de la ville, certaines institutions réussissent à traverser les époques sans perdre leur clientèle. C'est le cas de **The Odeon.** Lorsque le restaurant a ouvert ses portes en 1980, cette partie de la ville était un *no man's land,* mais c'est rapidement devenu le repaire mondain de l'industrie de la mode et des vedettes locales comme Andy Warhol. Plusieurs films ont été tournés ici et c'est en ces lieux que le fameux Cosmopolitan, le cocktail favori de Carrie Bradshaw, a été inventé [145 W Broadway].

Juste à côté, **Square Diner** (A) est un des derniers *diners* authentiques de New York. Prenez place sur une des banquettes de cuir et imaginez-vous dans le film *After Hours* de Martin Scorsese [33 Leonard St].

22A

Un Flat White comme Hugh Jackman les aime

23 Le **Laughing Man** (A) est un petit comptoir à café situé dans la plus belle rue de TriBeCa, Duane Street. Vous risquez d'y croiser Hugh Jackman, puisqu'il est propriétaire du commerce. Commandez, comme lui, un Flat White, l'équivalent australien du cappuccino [184 Duane St]. Un coin de rue plus loin se trouve le **Bikini Bar**, un café au décor de surf hawaïen délirant [148 Duane St].

Une expérience gastronomique dans TriBeCa

24 **Brushstroke** est le restaurant du chef David Bouley et de l'institut culinaire japonais Tsuji (c'est une coentreprise). C'est un endroit peu connu, situé dans un coin tranquille de TriBeCa, mais j'y ai vécu l'une des expériences gastronomiques les plus mémorables depuis mon arrivée à New York. Le menu dégustation (de 85 $ à 135 $, avant l'alcool) change selon les saisons. Il y a aussi un excellent comptoir à sushis adjacent à la salle à manger [30 Hudson St].

Les bars *concept* de TriBeCa

25

Brandy Library (A) ressemble à une bibliothèque de milliardaire. Dans une ambiance feutrée très *old New York*, on peut y déguster une grande sélection de cognacs ou choisir parmi 100 cocktails [25 N Moore].

Smith & Mills (B) est un resto-bar aménagé dans une ancienne écurie. On y sert aussi quelques plats. C'est un bon endroit pour un premier rendez-vous amoureux [71 N Moore].

Baby Grand est le lounge du DJ et prince du *nightlife* new-yorkais Paul Sevigny (le frère de Chloë). Il a voulu créer un des bars les plus colorés de New York. Papier peint fleuri, peintures de palmiers, fauteuils à motifs zébrés et énormes bouquets de fleurs complètent le décor. L'endroit est situé dans le **Tribeca Grand Hotel** [2 Av of the Americas].

Warren 77, un bar sportif avec un décor de vestiaire de hockey, est un bon endroit pour regarder un match de votre équipe favorite [77 Warren St].

25 B

Une voiture de métro vide l'est toujours pour une bonne raison. N'y entrez surtout pas. Prenez plutôt place dans une autre voiture. #onlyinNY

Le magasin qui fait sourire

26 Ceux et celles qui me suivent sur Instagram reconnaîtront ce magasin. Je le photographie au moins une fois par semaine. La propriétaire de **Balloon Saloon** installe chaque jour une grande couronne de ballons devant sa boutique et de nombreux bonshommes gonflables. À l'intérieur, elle vend des centaines d'éléments décoratifs et plusieurs gadgets humoristiques. Pour un cadeau aussi inutile qu'original, c'est l'endroit [133 W Broadway].

27 B

Trouver l'objet rare

27
Steven Alan est une chaîne de boutiques de vêtements, chaussures, bijoux et accessoires pour la maison. C'est un bon endroit pour dénicher un objet unique et découvrir les designers indépendants de l'heure. Il y a deux boutiques dans TriBeCa [103 et 158 Franklin St].

Pour les vêtements pour hommes, le magasin **J. Crew** (A) [235 W Broadway] vaut le détour. La boutique est aménagée dans une ancienne taverne construite en 1825. J. Crew possède aussi une boutique d'accessoires et de costumes faits sur mesure, **The Ludlow Shop** [50 Hudson St].

À la boutique **Shinola**, vous ne trouverez que des produits fabriqués à Detroit (montres, vélos, articles en cuir). Posez-vous quelques instants dans le café charmant qui se trouve à l'avant de la boutique [177 Franklin St].

C'est dans un immense loft que **Philip Williams** (B) vend sous sa bannière

27 A

éponyme des affiches anciennes depuis plus de 40 ans. C'est un vrai musée de l'affiche! Sa collection comprend plus de 2500 images, dont plusieurs datent de l'époque Art déco [122 Chambers St].

Le spa
des mille et une nuits

28 Avec ses lanternes marocaines,
ses murs de briques et ses
nombreux bains thermaux,
Aire Ancient Baths est un des endroits les
plus inusités de TriBeCa. Le spa sous-
terrain comprend six piscines (dont la
température de l'eau varie de 8 à 39 °C) et
des chutes d'eau. Au menu : aromathérapie
et massothérapie. L'accès aux bains coûte
environ 75 $. C'est une bonne idée de
cadeau pour la Saint-Valentin
[88 Franklin St].

Le mémorial
insoupçonné

29 À la hauteur de Vesey Street
et de North End Avenue
se trouve l'**Irish Hunger
Memorial**, un grand monument érigé
en l'honneur des Irlandais qui, fuyant
la grande famine de 1845 à 1852, sont
arrivés par centaines de milliers à New
York. Le mémorial est une plate-forme
inclinée où l'on a reconstitué une prairie
irlandaise avec les ruines d'une maison de
pierre. Les visiteurs peuvent se promener
dans les sentiers et se perdre dans les
hautes herbes.

29

Flâner le long du fleuve Hudson

30 Organisme sans but lucratif dirigé par des bénévoles, **The Downtown Boathouse** donne accès à des kayaks pendant 20 minutes. Vous pagayerez dans une section désignée du fleuve Hudson, à l'abri des gros bateaux et des courants. C'est l'une des rares activités encore gratuites en ville. Trois lieux : **Pier 26**, juste au nord de North Moore Street ; **Pier 96**, à la hauteur de 56th Street ; et un autre à la hauteur de 72th Street.

La piste cyclable qui longe la rive ouest de Manhattan est le refuge des sportifs. C'est en quelque sorte l'autre Central Park, pour ceux qui habitent West Side. On y trouve plusieurs terrains de basketball, de volleyball, de tennis ; et la plupart des quais sont pourvus d'aires de jeux pour les enfants. J'aime particulièrement le minigolf sur le quai Pier 25 (5 $ pour les adultes et 4 $ pour les enfants de 13 ans et moins).

Les pelouses du parc **Nelson A. Rockefeller**, dans Battery Park City, sont le lieu idéal pour un pique-nique. Il y a même des tables de billard en plein air. Trois endroits où faire des provisions : l'épicerie **Whole Foods** [270 Greenwich St] ; le comptoir de hamburgers **Shake Shack** [215 Murray St] ; et **Le Pain Quotidien** [2 River Terrace]. Le quartier de Battery Park City est apparu dans les années 1970. Il a été bâti, telle une annexe à Manhattan, grâce à 917 000 mètres cubes de terre et de roches provenant, entre autres lieux, de l'excavation du site du World Trade Center.

Cocktails et huîtres à bord d'un grand voilier

31 **Grand Banks** (A) est un bar-restaurant aménagé sur un bateau de pêche historique qui date de 1942, le *Sherman Zwicker*, qui fut construit en Nouvelle-Écosse. Depuis l'été 2014, le voilier a jeté l'ancre dans le fleuve Hudson, en bordure du quartier TriBeCa, au Pier 25, à la hauteur de North Moore Street. Avec ses 43 mètres de long, c'est le plus grand bateau de bois de New York. On y sert plusieurs variétés d'huîtres et de petits plats. C'est l'endroit idéal où aller prendre un verre en fin de journée. La cale du navire a été transformée en petit musée maritime.

Un peu plus au sud, dans la marina North Cove, près du World Financial Center, la compagnie **Manhattan by Sail** propose un tour de deux heures sur le fleuve Hudson à bord d'un immense voilier. D'autres types de croisières sont possibles, le jour comme le soir. Le plus gros des deux bateaux, le *Clipper City* (B), a un bar à bord. On y donne des concerts de jazz [manhattanbysail.com].

Plaisirs gourmands et vie nocturne

SoHo, Nolita, Lower East Side

SoHo, Nolita, Lower East Side

- Voir + photographier
- Boire + manger
- **Shopping + brocante**
- Arts + culture
- Activités + promenades

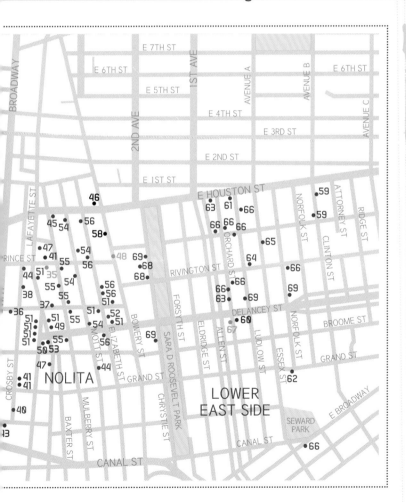

La galerie d'art d'une autre époque

32 Du début des années 1970 jusqu'à la fin des années 1980, **SoHo** était le quartier artistique de New York. Les artistes pouvaient louer de grands lofts industriels à des prix ridicules, mais l'arrivée des boutiques de luxe a fait grimper les loyers et la majorité des galeries se trouvent maintenant plus au nord, dans le quartier Chelsea. Il existe encore cependant quelques endroits insoupçonnés, comme cette galerie occupée depuis 1979 par la même exposition, **The Broken Kilometer**. Il s'agit d'une tige de laiton doré d'un kilomètre de long qui a été sectionné en 500 barres. Elles sont disposées sur le plancher de bois en cinq rangées. L'installation signée Walter De Maria est unique, surtout dans un quartier où chaque pied carré vaut son pesant d'or. C'est un des derniers espaces non commerciaux de SoHo [393 W Broadway].

À quelques pas de là, on peut visiter une autre exposition permanente du même artiste, **The New York Earth Room**. Ce loft de 3600 pieds carrés est rempli de 140 tonnes de terre noire. Les lieux n'ont pas changé depuis 1977 [141 Wooster St]. Les deux expositions sont gratuites, mais les photos sont interdites.

Le café des artistes

33 **Ground Support** est un café fréquenté par les résidants du quartier et plusieurs artistes, auteurs et intellectuels. C'est là, tout bonnement, que j'ai fait la connaissance du réalisateur Paul Haggis, qui travaillait à un scénario de film, et de Malcolm Gladwell, qui écrivait un article avec la concentration de celui qui est seul au monde. Steven, le propriétaire, est un amateur de cyclisme, et son établissement regorge de magazines de vélos et de numéros de *National Geographic*. Il prépare sur place de délicieux paninis. Il y a deux bancs sur le trottoir, devant le café, et je suis convaincue que c'est l'un des meilleurs endroits pour observer la faune new-yorkaise [399 W Broadway].

Faire du trapèze comme Carrie

34 Il existe une école de trapèze sur les rives du fleuve Hudson, à la hauteur de Houston Street, où l'on peut suivre un cours, le soir, au coucher du soleil (70 $ pour 2 heures). L'école se trouve sur le toit d'un immeuble d'où la vue est imprenable sur la statue de la Liberté. Elle est devenue très populaire après un épisode de *Sex and the City*, dans lequel Carrie Bradshaw suivait un cours de trapèze pour une de ses chroniques [Pier 40, Hudson River Park ; newyork.trapezeschool.com].

Un tour du monde dans une librairie

35 J'adore m'attarder chez **McNally-Jackson**, une des rares librairies indépendantes encore ouvertes à New York. La propriétaire Sarah McNally, une Canadienne, encourage les clients à lire sur place, sur une des nombreuses chaises longues ou au petit café à l'intérieur. Livres et auteurs sont classés par pays, et sa section magazines est une des plus diversifiées en ville. La librairie possède aussi une machine étonnante qui permet d'imprimer en quelques minutes un livre de poche parmi un choix de quatre millions d'ouvrages [52 Prince St].

Le steak-frites de Balthazar

36 Voici l'endroit parfait pour ceux qui en sont à une première visite à New York. **Balthazar** est une brasserie de style parisien inspirée du restaurant Bouillon Chartier à Paris. Fondé en 1997, il s'agit de l'établissement le plus connu de Keith McNally, un des restaurateurs-vedettes de New York. Je préfère y aller les soirs de semaine, quand il y a peu de touristes, mais le brunch du dimanche est un incontournable. Commandez un mimosa, le panier de pâtisseries, la soupe à l'oignon, la salade niçoise ou le steak-frites et goûtez l'atmosphère de cette cantine célèbre de SoHo [80 Spring St].

Le quartier des desserts

37 Pour mettre la main sur des macarons comme à Paris et les déguster dans une salle à manger digne de celle de Madame de Pompadour, rendez-vous chez **Ladurée** (A) [398 W Broadway]. À deux coins de rue de là se trouve la populaire pâtisserie de **Dominique Ansel**, l'inventeur du Cronut (un croissant-beignet) et des Cookie Shots [189 Spring St]. **Ceci-Cela**, le comptoir du pâtissier français Laurent Dupal, est ouvert depuis plus de 20 ans. Je vous recommande le croissant aux amandes [55 Spring St]. **Momofuku Milk Bar** (B) propose de la crème glacée molle infusée aux céréales et ses fameux biscuits compost [72 Wooster St].

Prendre le thé downtown

38 Le **Crosby Street** est considéré comme l'hôtel le plus *artsy* de New York; il y a des œuvres d'art contemporain à chaque étage. Faites le tour du hall avant de vous attabler dans la salle à manger. On peut aussi prendre le thé dans la cour intérieure. On y sert des scones, sandwiches délicieux, cupcakes et mini-tartes au chocolat (environ 35 $ par personne pour un repas). Sur le toit, quatre poules vivent dans un potager; elles portent le nom de quatre arrondissements de New York: Brooklyn, Queens, Bronx et Manhattan [79 Crosby St].

36

37 B

37 A

Le sushi roulant

39

Taka Taka se décrit comme un restaurant de «sushis mexicains et tacos japonais». La combinaison peut sembler étrange, mais ça fonctionne. La déco est aussi éclectique que le menu et les murs sont recouverts de tapisserie de bandes dessinées. L'attrait du restaurant est surtout le tapis roulant sur lequel circulent les plats autour des tables. Vous attrapez ce qui vous plaît et la facture est calculée d'après la couleur des assiettes vides [330 W Broadway].

39

Les terrasses sur les toits

40

Jimmy, le bar sur le toit du **James Hotel** [15 Thompson St], offre une vue à 360 degrés du *skyline* et l'occasion (rare à Manhattan) de prendre un verre autour d'une piscine. **Sonny's Soda Shoppe**, le bar sur le toit de l'hôtel **Mondrian**, présente plusieurs concerts en plein air l'été et sert des cocktails à base de gelato [9 Crosby St]. **A60**, la terrasse sur le toit de l'hôtel **60 Thompson**, jouit aussi d'une vue de rêve sur SoHo. L'ambiance est plus intime et des groupes de musique s'y produisent le dimanche [60 Thompson St].

Le shopping incontournable

41

La liste des bonnes boutiques dans ce quartier est infinie, mais en voici quelques-unes où je m'arrête fréquemment. Pour les vêtements et accessoires, je vais chez **A.P.C.** [131 Mercer St], **Alexander Wang** [103 Grand St], **Acne Studios** [33 Greene St] et **Helmut Lang** [93 Mercer St]. Pour trouver des lunettes rares et vintage, je vais chez **Illesteva** [49 Prince St] ou chez **Silver Lining** [92 Thompson St]; et, pour les beaux livres de photos, **Taschen** [107 Greene St].

Pour les hommes, **Palmer Trading Company** (A) propose une belle sélection de vêtements confectionnés aux États-Unis, ainsi que plusieurs pièces vintage [137 Sullivan St]. Pour des bijoux et accessoires pour hommes, allez faire un tour à la boutique **Miansai** [33 Crosby St].

À la porte d'à côté s'est établie **Saturdays**, une boutique de surf... en plein cœur de SoHo. On peut s'y procurer des accessoires, vêtements et livres, et l'on peut s'attarder, l'été, avec un café dans le joli jardin derrière [31 Crosby St].

41A

Les trésors vintage

42 Pour dénicher un vêtement vintage unique, **What Goes Around Comes Around** est la friperie de choix des stylistes new-yorkais. Depuis 1993, les copropriétaires Gerard Maione et Seth Weisser collectionnent les pièces rares. Ils ont surtout des vêtements rock des années 1960, mais aussi plusieurs pièces des années 1920 et même quelques-unes des années 1800. Ils vendent aussi des bijoux et proposent une belle sélection de sacs à main griffés [351 W Broadway].

Prendre le pouls de la planète mode

43 **Opening Ceremony** est un magasin de quatre étages regroupant plusieurs designers émergents. Chaque année, un pays différent est mis à l'honneur à travers ses créateurs. Le concept est inspiré des Jeux olympiques. Les prix sont élevés, mais une visite vous donne le pouls des nouvelles tendances de la planète. Je considère cet endroit comme une galerie d'art plutôt qu'une boutique [35 Howard St]. On trouve aussi une succursale dans le ACE Hotel [20 W 29th St].

Des repas sur le pouce sans égal

44 Le restaurant **Souen** est ma cantine du quartier. Je ne compte plus le nombre de vedettes que j'ai rencontrées dans ce restaurant macrobiotique japonais. Lou Reed était un habitué. Je vous recommande le **Macro Plate** [210 6th Ave].

Pour un lunch santé, je vais au comptoir **Chobani**. On y sert des créations salées et sucrées à base de yogourt grec. On sert aussi des sandwiches sur pain simit, la version turque du bagel [150 Prince St].

Chez **Hampton Chutney**, on peut manger d'énormes crêpes de riz, fines comme du papier, garnies de diverses sortes de chutneys, et boire du jus de melon d'eau, de la limonade aux fleurs d'oranger et du café à la cardamome [68 Prince St].

Two Hands (A) est un café au décor design et épuré où l'on sert sandwiches, pain grillé à l'avocat, salades, croissants et une grande sélection de jus fraîchement pressés. L'endroit est aussi une galerie d'art [164 Mott St].

Les bonnes tables

45 Pour la cuisine du marché, je vais chez **Estela**. Le chef Ignacio Mattos a fait ses classes chez Panisse en Californie, le restaurant de la prêtresse du mouvement Slow Food, Alice Waters. Essayez son plat de burrata avec salsa verde [47 E Houston St].

Lure Fishbar est un restaurant de fruits de mer en sous-sol, situé en face du **Mercer Hotel**. On se croirait à l'intérieur d'un yatch de millionnaire [142 Mercer St]. **Navy** (A), un bistro d'à peine 50 places, propose une atmosphère plus décontractée. Le restaurant au décor d'inspiration maritime se spécialise dans les fruits de mer et dans les plats de légumes. Cet endroit est tout aussi intéressant à l'heure du brunch. À essayer : le plat d'œuf poché, légumes et grains [137 Sullivan St].

Une autre bonne option pour le brunch est **Hundred Acres** pour ses plats du marché et son décor rustique [38 Macdougal St].

Au bistro **The Dutch**, j'aime prendre place au bar, devant la vitrine, commander un plateau de fromages et un bon verre de vin, et m'imprégner de l'atmosphère de SoHo [131 Sullivan St].

Pour l'ambiance, il est difficile de trouver mieux que le restaurant **Charlie Bird** avec sa musique hip hop et ses photos de *boombox* sur les murs. Le menu est d'inspiration italienne, mais surtout très new-yorkais : on y trouve un peu de tout. Essayez les fusilli nero. Le jeune chef Ryan Hardy est un des nouveaux enfants terribles de la scène culinaire new-yorkaise [5 King St].

Pour un restaurant japonais authentique, **Omen** (B) est mon endroit de prédilection. Cet établissement existait bien avant que SoHo devienne un quartier branché. Lors d'une de mes visites, Yoko Ono était assise à la table d'à côté [113 Thompson St].

45 A

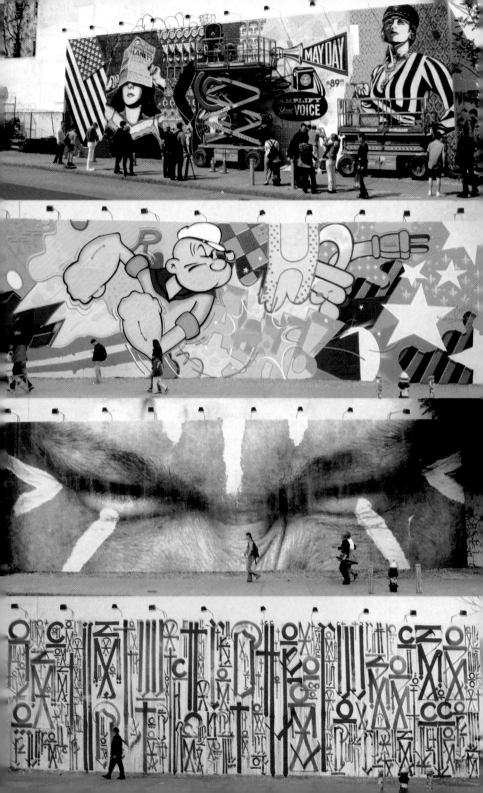

Le mur des artistes

46 La murale située **East Houston Street**, à l'angle de la **Bowery**, est un bijou d'art urbain à ne pas manquer. Pendant 25 ans, le mur a affiché l'œuvre intitulée *Day-Glo* de Keith Haring, l'artiste des célèbres silhouettes aux couleurs primaires. Ces dernières années, ce mur est régulièrement repeint, à l'invitation de la Ville de New York, par différents artistes, dont les jumeaux brésiliens Os Gêmeos, Shepard Fairey, le photographe JR, Retna et Kenny Scharf. Plutôt surprenant pour une ville qui a décidé de bannir les graffitis en 1995.

Trinquer !

47
Caviar, petits plats et 150 sortes de vodkas font bon ménage au bar russe **Pravda** [281 Lafayette St]. Pour des cocktails plus raffinés à déguster dans un décor victorien, je recommande le **Pegu Club** [77 W Houston St, 2ᵉ étage].

L'endroit idéal pour commencer une soirée devant un plateau de charcuteries et fromages est assurément la **Compagnie des Vins Surnaturels**, un bar à vins dont le concept fut élaboré à Paris. On y sert près de 600 sortes de vins, dont plusieurs au verre [249 Centre St]. Si vous souhaitez boire une bière dans une taverne légendaire de New York, allez à **The Ear Inn**, qui a ouvert ses portes en 1830. On dit même que l'endroit, classé historique, est hanté [326 Spring St].

Fanelli Cafe (A) est une autre institution de SoHo, et ce, depuis 1922. C'est un des rares bars authentiques dans ce quartier devenu très commercial [94 Prince St]. Quant au petit jardin décoré de guirlandes d'ampoules du SoHo Grand Hotel, **The Yard**, c'est l'endroit tout désigné pour prendre un verre l'été [310 W Broadway].

Le temple de l'art contemporain

48
Le **New Museum** est le seul musée new-yorkais qui expose de l'art contemporain de partout dans le monde. Fondé en 1977, il a emporté ses pénates en 2007 dans une tour dessinée par une firme japonaise, dans la Bowery. On y présente des expositions très avant-gardistes, parfois trop à mon goût. De la terrasse sur le toit, la vue est superbe sur le Lower East Side. On trouve un petit café au rez-de-chaussée [235 Bowery].

La reine du gâteau au fromage

49
Eileen's Special Cheesecake a pignon sur rue depuis 1976. On peut déguster sur place de petits gâteaux et y savourer l'un des meilleurs cheesecakes en ville [17 Cleveland Pl].

47 A

Traverser les cuisines pour aller au bar

50 **La Esquina** est un restaurant mexicain au décor qui vaut le détour. De l'extérieur, l'endroit ressemble à un vieux *diner* des années 1950. On voit d'abord, au niveau de la rue, une *taquería* avec sa terrasse sur le trottoir, puis, après avoir descendu un étroit escalier et passé à travers les cuisines fumantes, on découvre une salle à manger et un bar sombre et rustique [114 Kenmare St].

51D

51B

51C

51A

Les restaurants de Petrosino Square

51 Les restaurants autour de ce petit parc sont tous recommandables, dont le **Café Select** (A) au menu d'inspiration autrichienne. L'hiver, sa fondue au fromage et sa raclette sont des *must* [212 Lafayette St]. Les propriétaires possèdent aussi le restaurant **Rintintin** (B) [14 Spring St], un endroit charmant qui sert une cuisine d'inspiration méditerranéenne, pas chère et délicieuse.

Pour un brunch santé, **The Butcher's Daughter** (C) [19 Kenmare St] est un de mes endroits favoris, tout comme **Jack's Wife Freda** (D) [224 Lafayette St]. Cuisine simple, savoureuse et abordable.

Pour un sandwich au homard, c'est chez **Ed's Lobster Bar** qu'il faut aller [222 Lafayette St].

De l'autre côté du parc, on aperçoit **The Cleveland**, un restaurant agrémenté d'un joli jardin, où il fait bon se prélasser l'été pour le brunch. Le chef Max Sussman est un ex-végétalien, les légumes sont donc à l'honneur chez lui, mais il prépare néanmoins un excellent steak et de bonnes ailes de poulet. Essayez sa salade de choux de Bruxelles ou l'aubergine grillée. En outre, la carte des vins est aussi surprenante qu'éclectique [25 Cleveland Pl].

Pour voir et être vu, le restaurant italien **Sant Ambroeus** [265 Lafayette St] est la cantine des travailleurs de la mode. C'est un bon endroit pour aller prendre un café, un apéritif, ou pour un *power lunch* en pleine séance de magasinage.

Uncle Boons est le meilleur restaurant thaïlandais de SoHo. Le décor fait penser aux bazars de Bangkok [7 Spring St]. Essayez le riz frit au crabe.

Osteria Morini [218 Lafayette St] rend hommage à la cuisine rustique italienne de l'Émilie-Romagne. Les pâtes sont faites à la main. Essayez le plateau de charcuteries, les gelati et les raviolis farcis de mascarpone aux truffes. Divin.

52

Des bagels comme à Montréal

52 Noah Bernamoff et Joel Tietolman, deux Montréalais établis à New York depuis quelques années, ont ouvert en avril 2014 la première fabrique de bagels artisanale de Manhattan, **Black Seed**. Leurs bagels sont fraîchement sortis du four à bois et rappellent ceux de la rue Saint-Viateur et de l'avenue Fairmount à Montréal. Ils font aussi leur propre fromage à la crème et leur saumon fumé. Il y a quelques tables pour manger sur place [170 Elizabeth St].

Les galeries d'art multifonctions

53 **Clic Bookstore & Gallery** est ma galerie préférée dans le quartier. C'est à la fois une librairie de beaux livres, une boutique d'accessoires et un espace d'exposition. Christiane, la propriétaire, parle français [255 Centre St].

À quelques coins de rue de là, vous trouverez **The Impossible Project**, une galerie d'art jumelée à une boutique d'appareils et films Polaroid. En 2008, les propriétaires ont acheté la dernière usine au monde fabriquant des films Polaroid, à Enschede aux Pays-Bas. Leur mission est de sauver de l'extinction la précieuse pellicule [425 Broadway, 5e étage].

Les restaurants de la rue Mott

54 Le **Café Gitane** (A) est un des endroits que je fréquente le plus souvent. On y sert des plats marocains et français. Les tables les plus convoitées sont dehors, d'où l'on peut observer le bal des passants [242 Mott St]. Dans l'église juste en face, **Saint Patrick's Old Cathedral**, dont la construction s'est achevée en 1815, Francis Ford Coppola a tourné la fameuse scène du baptême dans *The Godfather*. Martin Scorsese a aussi filmé cette église dans *Gangs of New York*.

Pour la pizza, je vais chez **Emporio** [231 Mott St], et, pour des sushis abordables, chez **Mottsu** [285 Mott St]. Pour prendre l'apéro, je choisis **Epistrophy** (B), un endroit fréquenté par plusieurs Européens [200 Mott St].

53

54B

54A

Les restaurants de la rue Mulberry

55 C'est une des rues les plus intéressantes en ce qui a trait aux restaurants. **Chez Balaboosta**, la chef israélienne Einat Admony sert des plats méditerranéens réinventés [214 Mulberry St]. Elle tient aussi le délicieux comptoir de falafels juste à côté, **Taïm**. Même les sceptiques se rallieront ! [45 Spring St]

Rubirosa (A) est la pizzeria du gourou de la pizza de Staten Island, Giuseppe Pappalardo. La pâte est très mince et croustillante [235 Mulberry St].

Torrisi Italian Specialties (B) [250 Mulberry St] est un des meilleurs restaurants italiens en ville. Le menu dégustation, d'une dizaine de plats, change selon les saisons. On y fabrique une mozzarella maison servie chaude en entrée. Le restaurant Parm, juste à côté, appartient aux mêmes propriétaires et propose un menu plus abordable. Sa spécialité est le sous-marin aux boulettes de viande. Essayez aussi les calmars frits [248 Mulberry St].

Tartinery est un restaurant où la majorité des employés sont français. On y sert des tartines sur du pain Poilâne qui arrive chaque semaine par Fed Ex de Paris. Endroit idéal pour le dîner ou le brunch [209 Mulberry St].

Les restaurants d'Elizabeth Street

56 Installé dans un ancien garage, le restaurant mexicain **Tacombi** (A) sert des tacos préparés dans un vieux Westfalia [267 Elizabeth St].

Un secret bien gardé dans le quartier est le restaurant italien **Peasant**. Tous les mets sont cuits dans le grand four à bois de la cuisine à aire ouverte. On vous sert un bol de ricotta fraîche à votre arrivée. À essayer, le lapin et la pizza bianca [194 Elizabeth St]. En poussant la porte d'à côté, vous pénétrerez dans un restaurant thaïlandais au décor évoquant une maison de poupée. **Lovely Day** possède aussi un bar et il y a quelques tables au sous-sol [196 Elizabeth St].

Café Habana (B) est une institution dans le quartier depuis 1998. Si vous ne voulez pas attendre pour prendre place à une table, il y a un comptoir pour vente à emporter (*take-out*) juste à côté. On peut s'asseoir sur un banc, dehors, et commander sa spécialité : le maïs grillé nappé de mayonnaise et de fromage cotija [17 Prince St].

Pour le brunch, **Egg Shop** (C), comme son nom l'indique, ne sert que des œufs sous toutes leurs formes, que ce soit dans un bol de quinoa ou un sandwich au poulet frit. Le restaurant ferme à une heure du matin la fin de semaine [151 Elizabeth St].

56 B

56 C

56 A

Le parrain du Lower East Side

57

Clayton Patterson est un des premiers New-Yorkais que j'ai interviewés après mon arrivée à New York. J'étais fascinée par l'histoire du Lower East Side, un quartier qui a changé radicalement en quelques années à peine. Il y a 20 ans, c'était le « Far East », un quartier infesté de junkies, de punks et de gangs de rue. Le photographe canadien est le seul à avoir documenté religieusement l'évolution de son quartier d'adoption.

Au sud d'**East Houston Street** et à l'est de la **Bowery**, tout le monde connaît « **Clay** ». Certains l'ont même surnommé le « maire du Lower East Side ». Un maire plutôt atypique avec sa veste de motard, sa casquette brodée d'une tête de mort, sa longue barbiche et son sac de caméra, dont il ne se sépare jamais. En voilà un qui a littéralement saigné pour son quartier ! Clayton en porte encore les marques. Il a été arrêté 13 fois par des policiers gênés par sa caméra. Ils lui ont cassé les dents en le frappant avec un bâton. « Gracieuseté du NYPD », glisse-t-il en me montrant ses dents en or.

J'ai rencontré le flamboyant activiste dans son bunker du 161 Essex Street, un immeuble mythique dans la communauté. Il y habite depuis 1983 avec Elsa, sa conjointe des 37 dernières années. Ils forment un couple bohème et vivent au milieu de leurs archives. L'immeuble est rempli de boîtes contenant 2000 cassettes vidéo, 750 000 photos, une collection de sachets d'héroïne vides et d'autocollants de graffitis. L'âme perdue du Lower East Side, elle est ici, dans cet appartement.

Depuis leur arrivée à New York en 1979, Elsa et Clayton ont documenté chaque battement de cœur de ce quartier écorché. Lui avait 27 ans à l'époque. Élevé dans une famille très religieuse, il se sentait comme un étranger dans les prairies de son Alberta natale.

« C'était le bout du monde, ici », me confie-t-il, assis au milieu de son débarras. « C'était tellement glauque ! Le soir de notre déménagement, un homme a été abattu de l'autre côté de la rue », dit-il en pointant l'index à travers la fenêtre.

Pourtant, Clayton est étrangement nostalgique de cette époque. « Le crime protégeait en quelque sorte le quartier, parce que ça maintenait les loyers bas. Quand on augmente les loyers, on chasse les génies artistiques. Aujourd'hui, New York, c'est mort pour les artistes. Allez en Chine ! »

Clayton s'est surtout fait connaître grâce aux images qu'il a tournées pendant les émeutes de Tompkins Square Park en 1988. À l'époque, le parc était surnommé « Tent City ». C'était un véritable camp de réfugiés. Lorsque la police a voulu chasser les sans-abri, la situation a dégénéré en chaos total. Clayton s'est retrouvé en prison, parce qu'il a refusé de remettre ses cassettes à la police de New York. Oprah l'a reçu sur son plateau. « Little Brother surveille Big Brother maintenant », avait-il scandé en brandissant sa nouvelle arme, une caméra vidéo. Il a été en quelque sorte le précurseur de ce qu'on a vu durant les manifestations du mouvement Occupy Wall Street, quand les protestataires filmaient le comportement des policiers.

Le **Lower East Side** n'était pas l'endroit où déambuler la nuit, ni même le jour. On risquait d'être la cible d'un junkie en manque. Le quartier était un *melting pot* d'Hispaniques, de Portoricains et de Juifs orthodoxes. Les rues appartenaient aux gangs (les Crips et les Bloods), aux squatteurs, aux anarchistes, aux sans-abri, aux prostituées, aux motards et aux punks.

Clayton s'est infiltré dans tous ces milieux. À l'époque, il fallait être téméraire pour oser brandir une caméra dans la rue. Avec les skinheads au Pyramid Club, parmi la foule dans les spectacles *hardcore* au CBGB, dans les coulisses des clubs de drag queens et dans les tanières des marchands de drogue, Clayton s'aventurait là où personne d'autre n'allait. Avec le temps, il est devenu le photographe officiel du Lower East Side, et c'est ainsi qu'une tradition est née : se faire photographier par Clay devant sa porte couverte de graffitis. On sonnait chez lui à quatre heures du matin. Certains posaient avec des fusils. Clayton a accumulé ainsi des milliers de portraits, mais il ne savait pas, à l'époque, qu'il était en train de documenter les derniers soupirs d'un quartier aujourd'hui embourgeoisé, avec ses boutiques de designers, ses condos luxueux et ses bars de *hipsters*. À l'époque, des artistes comme Lou Reed pouvaient payer un loyer de 38 $ par mois. Aujourd'hui, c'est au moins 3000 $. Quant à Clayton, il ne reconnaît plus son quartier. Il passe aujourd'hui la plupart de son temps dans un petit village d'Autriche, où il a été adopté par une communauté d'artistes qui lui rappelle son New York d'antan.

La rue Clinton

59 Voici une des seules rues bordées d'arbres du quartier. On y trouve plusieurs boutiques indépendantes, barbiers, galeries d'art, et un établissement qui passe pour servir les meilleures crêpes en ville, **Clinton Street Baking Company** [4 Clinton St].

Les New-Yorkais font aussi la file devant **Ivan Ramen** pour les soupes d'Ivan Orkin, un chef originaire de Long Island tombé amoureux du Japon. Il a ouvert un restaurant de soupes ramen qui a connu un grand succès à Tokyo et il est maintenant de retour à New York. Essayez son bol de shio ramen ou le surprenant bol de ramen aux quatre fromages [25 Clinton St].

Les lunettes d'Andy Warhol

60 **Moscot** est un magasin de lunetterie qui a ouvert ses portes en 1915 dans le Lower East Side. On y vend encore aujourd'hui les mêmes montures de lunettes que dans les années 1930 ou 1950. C'est là qu'on peut mettre la main sur la fameuse monture Miltzen, popularisée par Andy Warhol, Harry Truman, John Lennon et Gandhi. Cela dit, la Miltzen coûtait 6,75 $ en 1959 ; aujourd'hui, 240 $ [108 Orchard St].

Les graffitis de la Bowery

58 Une des rues les plus mythiques de New York est la **Bowery**. Ces dernières années, une vingtaine d'artistes l'ont prise d'assaut pour peindre les portes de métal qui protègent les magasins la nuit. La rue est probablement une des plus bigarrées de New York. Les magasins de luminaires et d'équipement de restauration, les vieux immeubles désaffectés et un refuge de sans-abri se partagent l'artère avec les nouveaux condos, les boutiques branchées et les galeries d'art. La Bowery est un parfait exemple de l'embourgeoisement du Lower East Side.

Le sandwich au pastrami

61 « *I'll have what she's having.* » C'est une phrase que les serveurs de Katz's entendent souvent. Fondé en 1888, le deli est célèbre pour ses sandwiches au pastrami, mais surtout pour la fameuse scène du film *When Harry Met Sally*, quand Meg Ryan, assise face à Billy Crystal, simule un orgasme à table. Le film a été tourné en 1989, mais le décor de Katz's n'a pas changé depuis.

Derrière le comptoir, le néon affichant SEND A SALAMI, THAT'S ALL date de la Seconde Guerre mondiale, à l'époque où le restaurant expédiait des vivres aux soldats américains sur le front. La nuit, on y côtoie une faune de fêtards attablés devant une montagne de frites, et, la fin de semaine, des touristes et des habitués venus du New Jersey. Les vendredis et samedis, le restaurant est ouvert toute la nuit, et le jeudi il ferme à trois heures du matin. **Katz's Delicatessen** est un restaurant qui me rappelle avec nostalgie le défunt Bens de Montréal [205 E Houston St].

On dit « The Bowery » et non « Bowery Street ». #onlyinNY

61

Les beignes de Mark

62 Le **Doughnut Plant** est une fabrique de beignes où tout est fait maison, même les confitures. Les parfums des beignes sont inhabituels, par exemple gingembre, pétales de rose, citrouille, noix de coco. Mon favori est celui au beurre d'arachide et confitures. Mark Isreal, le fondateur, y œuvre encore tous les jours. Il a confectionné ses premiers beignes en 1994 dans son sous-sol, d'après la recette de son grand-père. Martha Stewart l'a un jour accueilli à son émission de télé, et, juste avant d'être emprisonnée en 2004, elle lui a commandé une boîte de beignes. Depuis lors, Isreal a ouvert des succursales au Japon et en Corée du Sud [379 Grand St].

Bagels de père en filles

63 Un de mes rituels du dimanche consiste à me rendre chez **Russ & Daughters** dans East Houston Street, une autre institution à New York. Le commerce appartient depuis quatre générations à la même famille d'origine polonaise. On y vend du poisson fumé, du caviar et des fruits secs depuis 1914. On dit que c'est le premier commerce new-yorkais à avoir fait écrire « et filles » sur son enseigne. L'institut Smithsonian a même inscrit Russ & Daughters au patrimoine culturel de la ville. Commandez un bagel au saumon fumé et mangez-le assis sur le banc devant le magasin [179 E Houston St].

Depuis le printemps 2014, la famille a ouvert le **Russ & Daughters Cafe**, un restaurant au magnifique décor rétro, où l'on sert un des meilleurs plateaux de poissons fumés en ville et plusieurs plats traditionnels juifs [127 Orchard St].

63

Les bonbons de mon enfance

64 Fondé en 1937, **Economy Candy** est un des plus vieux magasins de bonbons de New York. On y trouve des friandises de toutes les époques ; c'est en quelque sorte un musée du bonbon et l'endroit parfait pour retomber en enfance [108 Rivington St].

Le restaurant caché

65 Pour accéder à **Beauty & Essex**, il faut d'abord traverser un *pawn shop*, où l'on voit plusieurs guitares accrochées aux murs. Une porte au fond du magasin donne sur un immense restaurant-lounge au décor Art déco. Le menu est composé de plusieurs petits plats à partager. Avis aux dames : le champagne rosé est gratuit dans les toilettes [146 Essex St].

64

63
65

66A

Les cantines du Lower East Side

66 Bistro charmant et un des nombreux établissements du gourou de la restauration new-yorkaise Keith McNally, **Schiller's Liquor Bar** est une valeur sûre [131 Rivington St].

Tout premier restaurant français de deux autres stars de la restauration new-yorkaise, le duo de chefs italiens Rich Torrisi et Mario Carbone, **Dirty French** réinvente les classiques de bistro. Les spécialités sont la bouillabaisse noire, le canard à l'orange et le poulet rôti servi avec des crêpes. Le restaurant est situé dans l'hôtel-boutique The Ludlow, un endroit agréable où aller prendre un verre [180 Ludlow St].

Contra est un restaurant de cuisine contemporaine qui ne propose qu'un seul menu fixe de cinq services, mais qui change selon les saisons et les produits du marché. Contrairement aux autres menus dégustation en ville, le prix est relativement modeste (55 $). Quelques options à la carte au bar [138 Orchard St].

Mission Cantina, le restaurant mexicain du chef-vedette de San Francisco Danny Bowien, propose d'excellents tacos et burritos. Le décor est festif, la musique est forte et l'éclairage, kaléidoscopique [172 Orchard St]. Bowien possède un autre restaurant très couru dans le quartier, **Mission Chinese Food**, où il concocte une cuisine chinoise américanisée dans une ambiance hip et décontractée. Il lui arrive d'offrir des bières gratuites à ceux qui attendent en file dehors [171 E Broadway].

Au **Meatball Shop** [84 Stanton St], on ne sert que des plats composés de boulettes de viande. J'adore le concept et l'on y mange pour moins de 10 $.

Au comptoir à sandwiches **Black Tree** [131 Orchard St], le chef n'utilise que des produits locaux, que ce soit la viande, le pain, les légumes et même les épices. Il se rend quotidiennement au marché de Union Square et s'inspire des produits du jour pour élaborer son menu. On y sert aussi d'excellents cocktails.

El Rey (A), café et luncheonette, n'est pas plus grand qu'une boîte à chaussures. Le chef Gerardo Gonzalez, originaire de San Diego, prépare d'excellentes salades, des falafels, des frittatas et des pâtisseries. Son menu est d'inspiration mexicaine et moyen-orientale. Chaque plat est un parfait amalgame de sucré, de salé et d'amer [100 Stanton St].

Dans la peau d'un immigrant au XIXe siècle

67 Il ne faut pas rater le musée **Tenement** si l'on veut savoir comment vivaient les New-Yorkais au XIXe siècle. De 1863 à 1935, près de 7000 personnes de 20 nationalités se sont entassées dans l'immeuble du 97 Orchard Street. Dans les années 1910, le Lower East Side était un des endroits les plus densément peuplés de la planète. On y comptait en moyenne 10 personnes par logement de quelques pieds carrés. Le musée est situé dans de vrais appartements qui n'ont pas changé depuis plus de 100 ans. C'est un peu comme faire un voyage dans le temps ou pénétrer dans une capsule temporelle. L'immeuble est au numéro 97, mais on achète les tickets d'entrée au 103 Orchard Street, où il y a aussi une boutique de souvenirs.

Une charmante et discrète ruelle

68 Dans Rivington Street, entre la Bowery et Chrystie Street, vous trouverez **Freeman Alley** (A), une ruelle qui mène à l'un des meilleurs restaurants de la ville. Le décor de Freemans comporte des animaux empaillés et des trophées de chasse; on s'y croirait à l'époque coloniale. La file d'attente est souvent longue, mais pour passer le temps vous pouvez aller jeter un œil dans la boutique pour hommes à l'entrée de la ruelle [8 Rivington St]. Pour un repas italien bon et pas cher dans une ambiance chaleureuse, je vais au restaurant qui se trouve à quelques pas, **Antonioni's** (B) [177 Chrystie St].

69 A

Les établissements clandestins

69 **Kuma Inn** (A) est un restaurant thaïlandais et philippin caché au 2e étage d'un immeuble qui ne paie pas de mine. Vous trouverez la porte au 113 Ludlow Street, à côté d'une vieille épicerie. Les plats sont exceptionnellement bons, ne coûtent presque rien, et l'on peut apporter son vin. Super soirée assurée.

The **Backroom** est un bar dissimulé derrière la fausse façade d'un magasin de jouets. On y sert l'alcool dans des tasses de thé. Le décor est baroque et il y a une pièce cachée derrière une bibliothèque. On se croirait revenu à l'époque de la prohibition. Les lundis soir, un groupe de jazz assure l'ambiance [102 Norfolk St].

Fig. 19 est un autre lieu où j'aime aller boire un cocktail dans une ambiance de *speakeasy*. Le bar est logé derrière une galerie d'art [131 Chrystie St]. Deux coins de rue vers le nord, on trouve l'**Experimental Cocktail Club**, un chic lounge où l'on sert une quinzaine de cocktails originaux. Le bar appartient à un groupe de Français. Le mardi soir, des musiciens jouent du jazz des années 1950 [191 Chrystie St].

68 A

68 B

Le charme d'un village en pleine ville

West Village, Greenwich Village

W 19TH ST

10TH AVE

9TH AVE

W 17TH ST

W 15TH ST

W 13TH ST

GANSEVOORT ST

HORATIO ST

GREENWICH ST

JANE ST

72

BETHUNE ST

75

BANK ST

W 11TH ST

73

PERRY ST

70

HUDSON
RIVER

- Voir + photographier
- Boire + manger
- Shopping + brocante
- Arts + culture
- Activités + promenades

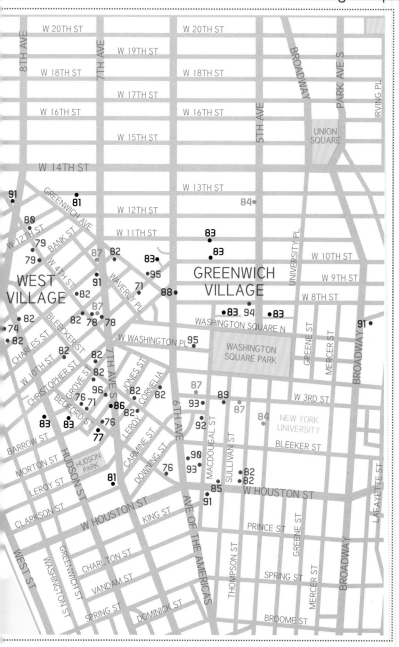

New York à vélo

70 En mai 2013, le paysage de New York a changé avec l'arrivée de 300 stations et de 6000 vélos bleus **Citi Bike**. Immédiatement, les New-Yorkais ont adopté le plus important système de vélo en libre-service de l'Amérique du Nord. D'ailleurs, en 2015 le nombre de vélos devrait grimper à 12 000. Le coût d'abonnement pour 24 heures est de 9,95 $, et de 25 $ pour une semaine. New York n'a jamais été considérée comme une ville accueillante pour les cyclistes. Si, depuis 2007, la municipalité aménage sans cesse des pistes cyclables, la mentalité des automobilistes, elle, n'a pas évolué. Pédaler à Manhattan, malgré les nouvelles voies protégées, reste un exercice périlleux.

Malgré l'omniprésence de Citi Bike, il reste encore quelques boutiques de vélos indépendantes, comme HUB (Hudson Urban Bicycles). Cet endroit est une caverne d'Ali Baba pour les amoureux de vieux vélos. On peut y louer des vélos chaque jour, de 9 heures à 20 heures [139 Charles St].

Le bar d'une autre époque

71 **Chumley's** a été pendant longtemps le repaire des écrivains. Simone de Beauvoir, Scott et Zelda Fitzgerald, Allen Ginsberg étaient des habitués de ce bar qui a ouvert ses portes en 1922. À l'époque de la prohibition, une porte dérobée permettait aux clients de s'enfuir quand les policiers débarquaient. On dit que c'est le troisième établissement new-yorkais à avoir reçu une licence de boissons alcooliques à la fin de la prohibition. Le bar a fermé en 2007, après qu'une cheminée et que la façade du bar se furent écroulées. C'était le genre d'endroit où l'on se sentait comme à la maison. Le chien des propriétaires roupillait au coin du feu. Au moment où j'écris ces lignes, on dit que le bar, entièrement rénové, devrait rouvrir en 2015. Le propriétaire s'est battu pendant des années devant les tribunaux pour récupérer sa licence d'alcool [86 Bedford St]. Je vous recommande aussi d'aller prendre un verre chez **Highlands**, un gastropub écossais situé à quelques pâtés de maisons de Bedford Street. Il est reconnu pour sa grande variété de whiskeys [150 W 10th St].

L'ancien hôtel de marins

72 Je m'arrête au moins une fois par semaine au **Café Gitane** du Jane Hotel [113 Jane St]. Le propriétaire Luc Levy est un amoureux de Montréal et plusieurs éléments du décor, par exemple le bar en bois sculpté, ont été fabriqués à Montréal. Je vous recommande la tartine à l'avocat sur pain de sept céréales, le couscous aux légumes, le poulet satay, le hachis Parmentier et le ceviche de thon. Les plats sont simples et abordables.

L'hôtel est une ancienne résidence de marins et la plupart des chambres ressemblent à des cabines de bateau. Les survivants du *Titanic* y ont déjà séjourné. Avec ses nombreux animaux empaillés et ses employés en livrée d'une autre époque, le hall me rappelle l'univers des films de Wes Anderson. Je vous suggère d'aller prendre un verre dans l'ancienne salle de bal ou au bar sur le toit. La vue sur le fleuve Hudson est superbe.

Venise à New York

73 Le **Palazzo Chupi** est un palace digne du Grand Canal de Venise, qui détonne dans la ligne d'horizon de Manhattan. Le peintre et cinéaste Julian Schnabel a décidé en 2007 de faire construire un palais rose de huit étages sur le toit d'anciennes écuries dans West Village [360 W 11th St]. Le palais de 50 000 pieds carrés, qui ressemble à un gâteau de mariage, compte 5 condos qui valent en moyenne 13 millions de dollars chacun, une piscine, 180 fenêtres, plusieurs balcons de style marocain et les plus grandes terrasses de la ville. Schnabel habite un des appartements.

Les frites d'April

74 Le gastropub de la chef April Bloomfield, **The Spotted Pig**, vaut le détour, ne serait-ce que pour l'immense plat de frites (9 $) qu'on y sert. Ces frites, aussi fines que des lacets, disparaissent en quelques instants. On y va aussi pour les hamburgers au roquefort. Jay-Z, Bono et le chef Mario Batali sont copropriétaires de l'établissement [314 W 11th St].

75

Ne prononcez pas
le « w » dans « Greenwich ».
Il faut dire « Green-itch ».
#onlyinNY

Le premier appartement de John Lennon

75 Quand on pense à John Lennon et à New York, on revoit le Dakota Building, où il a vécu et devant lequel il a été assassiné. Mais si vous voulez voir son premier appartement new-yorkais, rendez-vous au **105 Bank Street**, dans West Village, où lui et Yoko Ono avaient loué un loft en 1971.

La rue des épicuriens

76 Quand on me demande où aller pour bien manger à New York, je réponds : « Dans n'importe quel restaurant de la rue Bedford, dans West Village. » **Abbottega** est un restaurant italien [14 Bedford St] où je vais souvent, parce que je ne me lasse pas de ses spaghettis au poivre noir et pecorino (le plat s'appelle *Tonnarelli Cacio e Pepe*).

Chez **Moustache**, on sert une excellente cuisine libanaise. Les plats coûtent de 5 $ à 17 $ et je les aime tous. La plupart des serveurs parlent français [90 Bedford St].

Et, quand je retourne au restaurant brésilien **Casa**, c'est pour m'offrir son *Bobó de camarão*, un plat de crevettes au lait de coco et à la purée de yucca [72 Bedford St].

La plus petite maison

77 Au **75½ Bedford Street**, juste en face du restaurant Casa, se trouve la maison la plus étroite de Manhattan, large d'à peine 2,9 mètres. Construite en 1873, elle a été la résidence de plusieurs personnalités, dont l'anthropologue Margaret Mead et les acteurs Cary Grant et John Barrymore (le grand-père de l'actrice Drew Barrymore). Cette petite maison a récemment été vendue à 3,25 millions de dollars. Cela vous donne une idée du prix de l'immobilier à New York...

Un chef québécois dans West Village

78 Mehdi Brunet-Benkritly, ancien co-chef du Pied de Cochon à Montréal, est maintenant le chef du **Fedora**, lieu mythique de West Village. Le restaurant, qui date de 1917, a appartenu pendant plus de 50 ans à la légendaire Fedora Donato, jusqu'en 2010, lorsqu'elle le vendit à Gabriel Stulman. Ce dernier a rénové les lieux et, depuis lors, Mehdi a su donner une seconde vie à l'établissement. Il a conservé de son passage au Pied de Cochon un penchant pour l'abondance et les saveurs du Québec. Il utilise du sirop d'érable dans ses recettes et les portions sont généreuses [239 W 4th St]. Mehdi Brunet-Benkritly est aussi chef du populaire **Bar Sardine**, dans le même quartier [183 W 10th St].

Le café et la luncheonette

79 Situé dans un des plus jolis pâtés de maisons de West Village, le **Cafe Minerva** (A) est un endroit où j'aime m'attarder le week-end pour le brunch ou pour prendre un verre de vin. Je m'installe dans une des vitrines avec mes journaux ou mon ordinateur et j'observe les passants [302 W 4th St]. Les propriétaires possèdent aussi le restaurant **Hamilton's Soda Fountain & Luncheonette** (B), juste à côté [51 Bank St]. Cet endroit rend hommage au New York des années 1940 avec une grande sélection de boissons gazeuses à l'ancienne, milk-shakes et sundaes. Presque tous les plats coûtent moins de 12 $, une rareté dans West Village.

Une des dernières œuvres de Keith Haring

81 Keith Haring, un des papes du Pop Art, fut une figure emblématique de la culture alternative des années 1980 à New York. Une de ses murales vient d'être restaurée et est maintenant accessible au public. Elle se trouve au **Lesbian, Gay, Bisexual & Transgender Community Center**. L'entrée est gratuite. Intitulée *Once Upon A Time*, l'œuvre a été réalisée en 1989, alors que New York était frappée par une importante épidémie de sida. À l'époque, le centre avait demandé à Haring de peindre une pièce ; il avait choisi les toilettes des hommes au 2ᵉ étage. Les quatre murs sont couverts de fresques au caractère sexuel très explicite. De ce fait, il est préférable de ne pas y emmener les enfants. Neuf mois plus tard, Haring est mort du sida à l'âge de 31 ans [208 W 13th St]. On peut admirer une autre murale de Keith Haring à la piscine publique extérieure **Carmine**. Réalisée en 1987, l'œuvre mesure 50 mètres de long [1 Clarkson Street].

Un énorme hamburger

80 Quand ils ont envie d'un énorme hamburger dégoulinant, les habitués du quartier vont au **Corner Bistro**, un vieux saloon qui résiste aux établissements branchés qui envahissent West Village. C'est une expérience que chaque New-Yorkais doit vivre au moins une fois dans sa vie. Prenez place au bar en acajou ou sur une des banquettes et commandez un verre de McSorley avec un hamburger. De 7,75 $ à 9,75 $ le burger de 8 onces, c'est une aubaine dans le quartier. Le meilleur moment pour y aller est l'après-midi, un jour de semaine [331 W 4th St].

82A 82C

Brunch, festin italien et fruits de mer

82 Pour le brunch, j'aime m'attabler chez **Bluestone Lane** (A), un concept originaire de Melbourne. Le chef se spécialise dans les plats santé et sans gluten. Le pain aux bananes et sarrasin nappé de ricotta fraîche, pacanes caramélisées, miel et pollen, est divin [55 Greenwich Ave].

J'aime aussi **Buvette**, la « gastrothèque » de la chef Jody Williams. Essayez son croque-madame et prenez place dans le joli jardin [42 Grove St]. Juste en face, Jody possède aussi le restaurant **Via Carota**, où l'on propose une cuisine toscane délicieuse dans un décor rustique [51 Grove St].

Pour la cuisine italienne, je vais aussi chez **Frankies Spuntino** [570 Hudson St], chez **Aria**, un bar à vins italien [117 Perry St], et chez **L'Artusi** [228 W 10th St], autre bar à vins, mais un peu plus chic.

Pour voir et être vu, le restaurant italien **Sant Ambroeus** (B) est encore un endroit de choix auprès des vedettes. Prenez place sur la terrasse et soyez patient [259 W 4th St].

Chez **Carbone** (C), les chefs Mario Carbone et Rich Torrisi réinventent les classiques de la cuisine italo-américaine dans un décor digne du film *The Godfather*. C'est le genre d'endroit où vous pourriez apercevoir Tony Bennett à la table d'à côté. Les prix sont vertigineux, mais les portions sont gargantuesques. Essayez la salade César, le veau au parmesan, les rigatonis à la vodka et le tiramisu [181 Thompson St].

Quelques portes plus loin, les chefs Carbone et Torrisi sont aussi propriétaires d'un des établissements les plus décadents de New York, le **ZZ's Clam Bar**. Le minuscule restaurant de 12 places au décor polynésien ne sert que des plats de poisson et des fruits de mer. La plupart des poissons arrivent tout droit du marché de Tsukiji à Tokyo. Les cocktails, créés par le gourou Thomas Waugh, sont faits avec des ingrédients de première qualité. L'endroit est gardé par un portier, on doit donc réserver sa table. Je vous préviens, les prix sont exorbitants, mais l'exclusivité a un prix à New York [169 Thompson St].

Pour la pizza, je reste fidèle à **Kesté**. Au dessert, osez goûter à la pizza au Nutella, à partager (vous ne la verrez pas sur le menu, il faut la demander au serveur). Le chef originaire de Naples propose aussi des pizzas sans gluten [271 Bleecker St].

Si vous raffolez du fromage, **Murray's Cheese Bar** propose un menu entièrement composé de plats au fromage et une sélection de 50 fromages à la carte [264 Bleecker St].

Pour les fruits de mer, je vais au **Pearl Oyster Bar**, où l'on peut déguster des huîtres de toutes sortes. Le *lobster roll* et le sundae sont légendaires. L'endroit est exigu, donc vous risquez d'attendre un peu [18 Cornelia St]. Si la patience vous fait défaut, rabattez-vous chez **Mary's Fish Camp**, six rues vers le nord [64 Charles St].

83

Safari photo

83
Les rues de West Village et de Greenwich Village sont parmi les plus belles de New York. Voici celles que j'aime photographier : **West 10th Street** et **West 11th Street** pour leurs maisons colorées [entre les 5e et 8e Avenues]. Washington Mews, MacDougal Alley, Patchin Place et Grove Court sont de petites rues pavées, sans voitures, cachées derrière une grille, comme à Londres. Au XIXe siècle, ces ruelles servaient à ranger les calèches. Ne manquez pas le charmant jardin à coté de l'église Saint Luke in the Fields, dans Hudson Street, à l'angle de Grove Street. C'est l'endroit idéal pour se plonger dans un livre.

85

Bain de design et d'architecture

84
Quand j'ai envie de découvrir les dernières tendances en architecture et en design, je me rends au **Center for Architecture**. Fondé en 2003, le centre propose des expositions thématiques sur New York et ses grands projets urbains. C'est une bonne façon de découvrir l'ADN de cette ville si dynamique [536 LaGuardia Pl]. Je combine normalement cette sortie avec une visite aux galeries de l'école de design Parsons, très réputée. On peut y admirer le travail des étudiants, mais aussi d'artistes de l'extérieur [66 5th Ave]. Bonne nouvelle : l'entrée est libre dans ces deux lieux.

On ne prononce pas
« Houston Street »
comme la ville du Texas,
mais plutôt « How-sten ».
#onlyinNY

La petite Jamaïque

85
Si l'envie vous prend de faire un voyage express en Jamaïque sans quitter Manhattan, rendez-vous chez **Miss Lily's**, un restaurant que les habitués surnomment le « Jamaican Corner ». On y élabore un menu inspiré des Caraïbes. J'y ai déjà croisé Grace Jones et l'auteure Fran Lebowitz. Les serveuses à l'allure de mannequins évoluent dans un décor rétro kitsch. Au bar à jus, dites bonjour à Melvin le *juiceman*, c'est une star locale au sourire contagieux. Le coin boutique propose des bijoux et des livres sur le reggae [132 W Houston St].

Le maître des clés

86 Le serrurier Philip Mortillaro possède le plus petit immeuble commercial de Manhattan, **Greenwich Locksmiths**, qui fait à peine 12 mètres carrés. Ce qui rend l'endroit si singulier, c'est l'œuvre qui orne la façade. Au terme de deux ans de travail méticuleux, Mortillaro a recréé les volutes célestes de la *Nuit Étoilée* de Van Gogh avec 20 000 clés qu'il a récupérées au fil des années. Il voulait tout simplement laisser sa marque dans le quartier. «Greenwich Village était le cœur de la vie artistique de New York dans les années soixante et soixante-dix, dit-il. Andy Warhol, Keith Haring et Julian Schnabel vivaient tous ici et créaient ici. Aujourd'hui, les loyers sont trop élevés et les artistes doivent s'exiler à Brooklyn.» Pour l'anecdote, Philip m'a raconté qu'il est déjà allé chez Warhol pour mettre des serrures à toutes les fenêtres et les portes. Après la tentative d'assassinat dont il avait été victime, l'artiste était devenu quelque peu paranoïaque… [56 7th Ave S].

Le quartier du jazz

87 Les meilleurs endroits où assister à des concerts de jazz dans le quartier sont le **Zinc Bar** [82 W 3rd St], le **Smalls Jazz Club** [183 W 10th St], le **Village Vanguard** [178 7th Ave S] et le **Blue Note** [131 W 3rd St].

La plus vieille pharmacie des États-Unis

88 Fondée en 1838, **C.O. Bigelow Apothecaries** est la plus vieille pharmacie américaine encore en pleine activité. À l'intérieur, on peut admirer les armoires en bois d'origine et les lustres au gaz de style néo-gothique. On y trouve de nombreux produits de beauté européens et des cosmétiques maison que j'adore. Mark Twain, Thomas Edison et Eleanor Roosevelt ont tous été des clients assidus. Aujourd'hui, vous risquez plutôt d'y croiser des actrices comme Liv Tyler et Christina Ricci [414 6th Av].

Le paradis du beurre d'arachide

89 Chez **Peanut Butter & Co.**, on sert surtout des sandwiches au beurre d'arachide. Le menu comprend 20 créations différentes, plus étranges les unes que les autres, dont un sandwich au beurre d'arachide avec bacon et cornichons, et un bagel au beurre d'arachide, miel et cannelle, le préféré de Jerry Seinfeld [240 Sullivan St].

Le pèlerinage chez l'Italien

90 Le **Bar Pitti** devrait être au programme de toute visite à New York, surtout l'été, à cause de sa terrasse. On y propose une cuisine du nord de l'Italie. Ne vous laissez pas intimider par la file d'attente ou par les serveurs pressés : cela fait partie du charme de l'endroit. C'est le genre de restaurant où l'on veut s'attarder pendant des heures, par une belle journée ensoleillée, devant une entrée de mozzarella di bufala et un plat de pappardelle au sanglier. À la table voisine, vous pourriez bien reconnaître Jay-Z et Beyoncé, ou Julianne Moore. Sachez qu'on n'y accepte aucune carte de crédit, seulement l'argent liquide [268 6th Ave].

Les barbiers

91 Ceux qui me suivent sur les réseaux sociaux connaissent mon obsession pour les salons de barbier. Or, à New York, les salons authentiques se font de plus en plus rares. Mes favoris dans West Village et Greenwich Village sont **Harry's Corner Shop** (A) [64 Macdougal St], **West Village Tonsorial** [162 7th Ave S], **Fellow Barber** [5 Horatio St], et le classique **Astor Place**, qui existe depuis 1947. À son ouverture, il n'y avait que 5 barbiers ; il y en a maintenant 75. Le salon est fréquenté par plusieurs vedettes, dont Alec Baldwin, Matt Damon, LL Cool J et Stephen Colbert. Leurs photos tapissent les murs. C'est un endroit à visiter absolument pour saisir l'âme multiculturelle de New York. Les femmes sont les bienvenues [2 Astor Pl].

Le hamburger qui vaut son pesant d'or

92 Si vous ne deviez vous payer qu'un seul hamburger à New York, optez pour le Black Label de la **Minetta Tavern**. Tout comme la meilleure pizza, le meilleur hamburger est un sujet très débattu à New York. Mais celui de Minetta Tavern semble faire l'unanimité. À 28 $, le Black Label Burger, composé de bœuf vieilli à sec, d'oignons caramélisés et d'un pain brioche, n'est pas donné. On propose aussi un hamburger plus « abordable », le Minetta, à 20 $. Ce restaurant existe depuis les années 1930. Francis Scott Fitzgerald et Ernest Hemingway étaient des habitués [113 Macdougal St].

Le premier cappuccino

93

Avec la prolifération des chaînes de café, il est rassurant de voir que des endroits comme le **Caffe Reggio** continuent d'attirer les fidèles. Fondé en 1927, ce café se targue d'avoir servi le premier cappuccino aux États-Unis. Sa machine à expresso date de 1902 et les murs sont ornés de peintures de l'époque de la Renaissance. Franchir le seuil du Caffe Reggio, c'est faire un voyage dans le passé. L'établissement apparaît dans plusieurs films, dont *The Godfather Part II* [119 Macdougall St]. Le **Caffe Dante**, situé un peu plus au nord, a ouvert ses portes en 1915. On y sert un excellent expresso, à déguster avec le gâteau à la ricotta [79-81 Macdougall St].

L'hôtel des artistes

94

Construit en 1900 en plein cœur de Greenwich Village, **Marlton House** voyait descendre, à l'époque, parfois pour quelques mois, de nombreux artistes, par exemple l'écrivain Jack Kerouac et les poètes de la *Beat Generation*. Au cours d'un séjour dans cet hôtel, Kerouac a écrit deux romans, *Les Souterrains* (*The Subterraneans*) et *Tristessa*. C'est aujourd'hui un hôtel-boutique charmant. Sans être un client de l'hôtel, on peut y prendre le thé l'après-midi, un café au bar à expresso, un repas au superbe restaurant Margaux ou un verre au magnifique bar. Plusieurs cocktails sont d'ailleurs inspirés de Kerouac, dont le Dharma Bum et le Double Rye Manhattan. Situé tout près de Washington Square Park, l'hôtel compte 107 chambres [5 W 8th St].

La ferme à la table

95

Chez **Rosemary's**, une *trattoria*, tout est préparé avec des ingrédients locaux et les produits de son potager aménagé sur le toit du restaurant. Essayez les linguine avec citrons confits, la focaccia maison et le gâteau à l'huile d'olive [18 Greenwich Ave].

Établi dans un ancien *speakeasy* (bar clandestin du temps de la prohibition) tout près de Washington Square Park, le huppé **Blue Hill** propose une cuisine axée sur les produits de sa ferme de la vallée de l'Hudson, où l'on trouve aussi un restaurant (voir raison n° 300) [75 Washington Pl].

L'apprenti de Jiro

96

Aux yeux des puristes, **Sushi Nakazawa** est «le» comptoir de sushis de New York. Le chef Daisuke Nakazawa fut l'apprenti de Jiro Ono à Tokyo, un des meilleurs maîtres au monde. Si vous ne pouvez aller au Japon, vous pouvez tout de même avoir une bonne idée du savoir-faire de Jiro Ono à New York. Il faut cependant réserver quelques semaines à l'avance, puisqu'il n'y a que 10 places au bar et 25 à l'arrière du restaurant. Le repas de 9 services (21 morceaux) coûte 120 $. C'est une expérience inoubliable ; vous vous souviendrez de chaque bouchée de sushi et de chaque gorgée de saké [23 Commerce St].

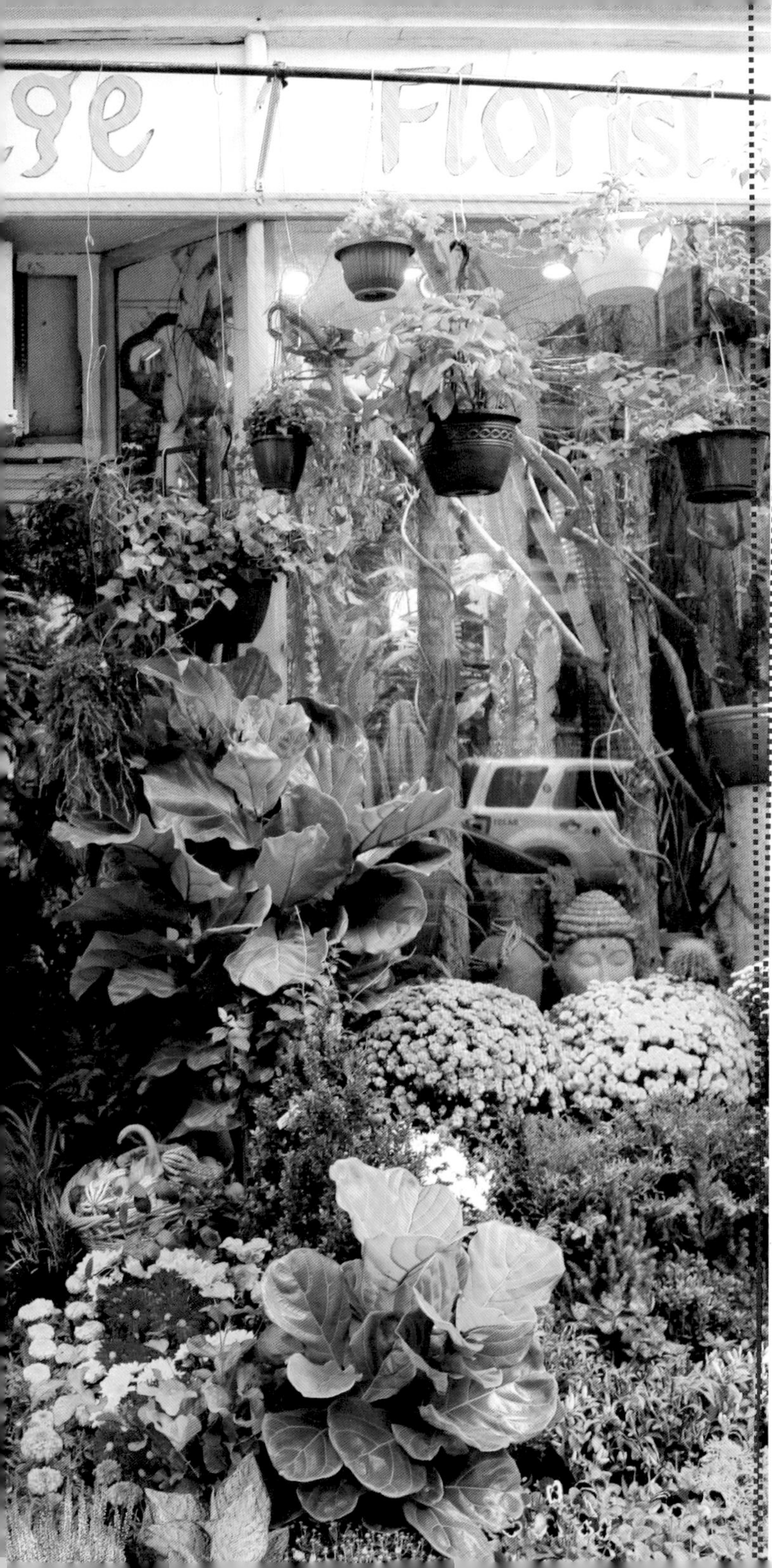

Le quartier bohème des artistes et des étudiants

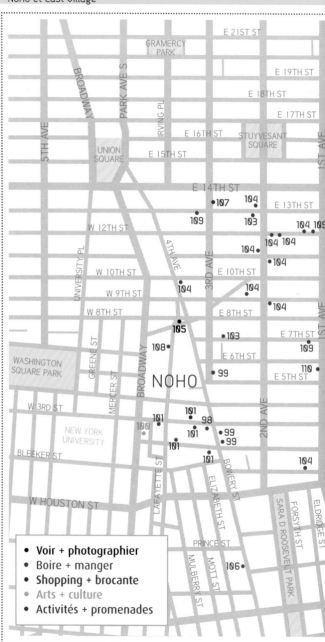

E 21ST ST

GRAMERCY PARK

E 19TH ST

E 18TH ST

E 17TH ST

BROADWAY

PARK AVE S

IRVING PL

E 16TH ST

STUYVESANT SQUARE

5TH AVE

UNION SQUARE

E 15TH ST

1ST AVE

E 14TH ST

•107 104 E 13TH ST

109 103

104 109

W 12TH ST

4TH AVE

104 104

104• 104•

3RD AVE

•104

W 10TH ST

E 10TH ST

UNIVERSITY PL

W 9TH ST

104 104

W 8TH ST

E 8TH ST

•104

105

•103 E 7TH ST

108•

109

WASHINGTON SQUARE PARK

GREENE ST

MERCER ST

BROADWAY

E 6TH ST

110 •

•99 E 5TH ST

NOHO

2ND AVE

W 3RD ST

101 101

98

101 101

NEW YORK UNIVERSITY

100

•99
•99

BLEEKER ST

101

LAFAYETTE ST

101

104

BOWERY ST

ELIZABETH ST

W HOUSTON ST

SARA D ROOSEVELT PARK

FORSYTH ST

ELDRIDGE ST

PRINCE ST

MOTT ST

106•

MULBERRY ST

- • **Voir + photographier**
- • **Boire + manger**
- • **Shopping + brocante**
- • Arts + culture
- • **Activités + promenades**

EAST
RIVER

E 20TH ST

103

E 12TH ST **104**

E 11TH ST

104 **104** **103 104 104** E 10TH ST
104

E 9TH ST **104**

104 TOMPKINS
SQUARE **102** **109**
PARK **102**

AVENUE A

111 E 6TH ST

EAST VILLAGE E 5TH ST

E 4TH ST **102**

E 3RD ST

AVENUE B

AVENUE C

E 2ND ST

102

E 1ST ST E HOUSTON ST

ORCHARD ST

IVINGTON ST

NORFOLK ST

ATTORNEY ST

CLINTON ST

RIDGE ST

STANTON ST

PITT ST

COLUMBIA ST

BARUCH ST

FDR DR

AVENUE D

DELANCEY ST

BROOME ST

DOWNING
PARK

LEWIS ST

The Mosaic Man

97 Dans East Village, tout le monde connaît **Jim Power**. Depuis près de 30 ans, il décore le mobilier urbain avec des matériaux recyclés. C'est un des derniers iconoclastes de la Grosse Pomme. «Je ne suis pas le dernier, je suis l'original», dit-il.

Impossible de se balader dans East Village sans remarquer son travail. Sa trace est partout : sur les bacs à fleurs, les lampadaires, les bornes-fontaines. Chacune de ses œuvres rend hommage aux héros de la ville et aux travailleurs. La plupart sont dans St. Marks Place.

Né en Irlande, Jim est arrivé à New York en 1959 et a grandi dans Queens. Il a combattu au Vietnam dans les années 1970. À son retour de la guerre, il a travaillé dans l'industrie du bâtiment, mais une blessure l'a forcé à abandonner son travail dans les années 1980 et il s'est retrouvé dans la rue, sans domicile fixe. Aujourd'hui, il dort dans un foyer de Harlem.

Dans les années 1990, la municipalité a détruit une cinquantaine de ses mosaïques, jugeant que c'était du vandalisme. Aujourd'hui, Jim s'occupe de restaurer chaque œuvre, morceau par morceau, toujours accompagné de sa fidèle chienne Jessie Jane.

Au fil des ans, il a réalisé près de 80 mosaïques sur le mobilier urbain de New York. Finalement, les autorités ont décidé de le laisser faire, mais Jim craint que, après sa mort, personne ne s'occupe de préserver son œuvre.

Tout en nettoyant un lampadaire d'Astor Place avec une éponge, il me dit : «Je ne pourrai plus continuer longtemps, mes hanches ne me le permettent plus. C'est un combat, travailler dans les rues, mais j'adore ce que je fais. New York, c'est mon théâtre. Connaissez-vous une pièce de Broadway qui a duré trente ans?»

Mais pourquoi diable Jim Power a-t-il choisi de décorer East Village? «C'est East Village qui l'a choisi!» lance un habitant du quartier qui passe par là.

Depuis près de 30 ans,
il décore le mobilier urbain
avec des matériaux recyclés.

Le restaurant japonais secret

98 **Bohemian** est un restaurant japonais caché derrière une boucherie, au 57 Great Jones Street. L'immeuble appartenait à Andy Warhol et abritait jadis le studio de l'artiste Jean-Michel Basquiat. C'est là qu'on l'a retrouvé mort d'une surdose d'héroïne en 1988. Le numéro de téléphone du restaurant n'est annoncé nulle part, il faut l'obtenir de quelqu'un qui a déjà mangé là. Un conseil : demandez au concierge de votre hôtel de réserver une table pour vous ; ou expédiez un courriel à ny-info@playearth.jp et inscrivez « *Visit Enquiry* » à l'objet. Vers 2 heures du matin, l'endroit se transforme en lounge, avec musique bossa nova et jazz. Vous pouvez vous joindre aux musiciens après avoir saisi un des nombreux instruments de musique de la salle à manger.

Pâtes et cocktails

99 Pour prendre un verre dans NoHo, le **Bowery Hotel** est un classique. Le hall ressemble à un luxueux manoir gothique avec ses tapis persans, ses fauteuils de velours, son foyer de marbre et ses bouquets de plumes de paon. Le restaurant italien de l'hôtel, **Gemma** (A), est doté d'une grande terrasse, très populaire l'été [335 Bowery].

Juste à côté se trouve **Bar Primi**, l'excellent *pasta shop* du chef Andrew Carmellini. Chaque jour, on y prépare plus d'une douzaine de variétés de pâtes fraîches. Grande table commune pour les clients qui n'ont pas réservé leur place [325 Bowery].

Si ces deux endroits sont complets, allez chez **Narcissa**, le restaurant de l'hôtel **The Standard East Village**, quelques coins de rue vers le nord. On peut aussi prendre un verre à la terrasse de l'hôtel ou dans le jardin illuminé [25 Cooper Sq].

Le rendez-vous de la photo

100 Pour le bonheur des amateurs de photographie, la galerie **Leica**, en plein cœur de NoHo, présente des expositions gratuites consacrées au photojournalisme et aux archives de New York. Il y a aussi une exposition permanente d'appareils classiques Leica. La galerie est ouverte du mardi au samedi [670 Broadway, suite 500].

Les rues Bond et Great Jones

101 Ces deux rues sont les principales artères de NoHo. **Bond Street**, avec ses pavés, possède un charme particulier. Ces dernières années, les nombreux studios d'artistes ont été remplacés par des condos de luxe et par plusieurs restaurants et boutiques design.

The Smile est un restaurant un peu bohème où j'aime bien déjeuner ou bruncher [26 Bond St]. Pour me sentir comme à Montréal, je vais chez **Mile End**, le restaurant du Montréalais Noah Bernamoff. Il propose sandwiches et plats inspirés de Montréal, dont le traditionnel *smoked meat* et la poutine [53 Bond St].

Il Buco Alimentari & Vineria (A) est un des meilleurs restaurants italiens de New York. Je vous recommande le branzino (perche de mer) en croûte de sel [53 Great Jones St]. L'**ACME** est un restaurant très couru, où la cuisine est d'inspiration scandinave. On peut manger au bar sans réservation et on peut terminer la soirée au sous-sol, chez **ACME Downstairs** [9 Great Jones St].

J'aime aussi m'arrêter à la boutique **Filson**, la marque emblématique fondée à Seattle en 1897. On y propose des sacs de voyage, sacs photo, accessoires de cuir et vêtements de plein air pour hommes [40 Great Jones St].

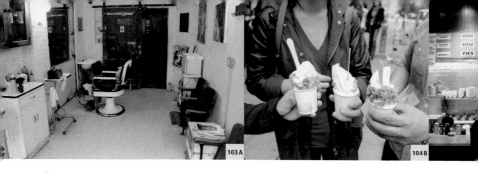

103 A   104 B

Les jardins communautaires d'East Village

102 Dans les années 1970, une armée de guérilleros verts a planté des fleurs et des arbres sur les terrains vagues d'East Village, jusqu'alors jonchés de déchets. Ces oasis ont résisté au développement immobilier et sont aujourd'hui ouvertes au public. Dans la **East 8th Street**, il y en a quatre, entre les avenues B et D. La plus impressionnante est le **9th Street Community Garden Park** [9th St et Avenue C], un des plus grands jardins communautaires de New York. On peut presque s'y perdre, tellement la végétation est dense. J'aime aussi celle qui s'appelle **Le Petit Versailles** [247 E 2nd St]. On y présente des spectacles l'été. Les admirateurs de Madonna iront jeter un coup d'œil à son premier appartement new-yorkais, au 232 East 4th Street. Elle avait 20 ans lorsqu'elle a emménagé à cette adresse.

Barbe et cocktails savants

103 Le **Blind Barber** (A) est à la fois un salon de barbier et un bar. Le visiteur pénètre dans le débit de boissons par la porte dissimulée au fond du salon. On y sert des cocktails aux noms charmants, tels le Strawberry Fields et le Velvet Underground [339 E 10th St].

Pour prendre un verre dans le quartier, j'aime aussi **Pouring Ribbons** pour sa carte impressionnante de cocktails raffinés et originaux [225 Ave B, 2ᵉ étage]. Chez **Booker And Dax**, les barmen utilisent centrifugeuses, azote liquide et brûleurs pour confectionner leurs cocktails. Le comptoir ressemble à un laboratoire de savants fous [207 2nd Ave].

Si vous voulez visiter un lieu historique (mais bondé), rendez-vous chez **McSorley's**, la plus vieille taverne de New York, fondée en 1854. Les femmes n'y sont admises que depuis 1970 et le décor est le même depuis plus d'un siècle [15 E 7th St].

102

9TH STREET COMMUNITY GARDEN PARK

104 C   104 A   104 D

Le quartier des *foodies*

104 East Village est probablement le quartier où il y a le plus grand nombre de restaurants au mètre carré, et la plupart sont abordables. Pour le brunch, j'aime beaucoup **Prune**, spécialement pour la ricotta fraîche avec figues, framboises, noix de pin et miel [54 E 1st St]. Si la file vous paraît trop longue, allez vous chercher un jus fraîchement pressé au kiosque à l'angle de 1st Avenue et de 1st Street.

Si vous avez envie d'une pizza, sachez que **Motorino** [349 E 12th St] en prépare une des meilleures en ville. Les pizzas de **Gnocco** (A) ne sont pas mal non plus [337 E 10th St].

Le **Northern Spy Food Co.** est un bistro américain au menu saisonnier. Les chefs, originaires de San Francisco, ont nettement été inspirés par le mouvement Farm-to-Table [511 E 12th St].

Chez **Maiden Lane**, petit restaurant au design scandinave, on sert de délicieuses salades, plateaux de poissons fumés et en conserve, fromages et charcuteries. Tout est préparé sous les yeux des convives [162 Ave B].

J'aime la jolie terrasse du restaurant brésilien **Esperanto** [145 Ave C] et celle du **Cafe Mogador**, restaurant méditerranéen où je vais souvent pour le couscous et le brunch [101 St. Marks Pl].

Selon plusieurs *foodies*, on savoure le meilleur hamburger de New York au **Brindle Room**. Si vous avez envie de *comfort food* après une soirée bien arrosée, c'est l'endroit. Le chef Jeremy Spector cuisine aussi une poutine au canard confit [277 E 10th St].

Au chapitre des restaurants santé, j'ai un faible pour **Angelica Kitchen** [300 E 12th St], **Quintessence** [263 E 10th St], et pour le bar à jus **Liquiteria** [170 2nd Ave].

Pour des nouilles soba, je vais chez **Sobaya** [229 E 9th St], et, pour une soupe ramen, chez **Momofuku Noodle Bar** [171 1st Ave] ou chez **Ippudo** [65 4th Ave].

Pour des dumplings, mon endroit de prédilection est **Mimi Cheng's**, au décor ensoleillé. Deux jeunes sœurs ont ouvert ce restaurant pour rendre hommage aux recettes de leur mère Mimi. On y mange pour à peine 10 $ [179 2nd Ave].

Pour découvrir les desserts avant-gardistes de Christina Tosi, comme son lait infusé aux céréales, ses *bagel bombs* ou ses *compost cookies* (biscuits faits de tous les ingrédients qu'on peut trouver dans une cuisine !), c'est au **Momofuku Milk Bar** (B) qu'il faut aller [251 E 13th St].

Quand j'ai envie de m'imprégner de l'atmosphère d'East Village, je vais chez **Veselka** (C), un *diner* ukrainien ouvert 24 heures sur 24 [144 2nd Ave]. C'est le réfectoire du quartier depuis les années 1950. Les fêtards s'y retrouvent aux petites heures du matin devant une grande assiette de pierogi ou un bortsch.

John's (D) est une autre institution d'East Village. Le restaurant italien avec ses planchers de tuiles, ses banquettes de cuir et ses chandelles coulantes ne semble pas avoir changé depuis 1908, année de son ouverture [302 E 12th St].

Le vendeur de journaux

105 **Jerry Delakas** tient le kiosque de journaux d'Astor Place depuis plus de 25 ans. Avec sa casquette de marin, sa cigarette courbée au bec, il a l'air d'un personnage de film. Il est toujours prêt à aider les touristes et garde même les téléphones portables des étudiants qui ne peuvent les apporter en classe. En 2013, les autorités ont fermé son kiosque pendant 11 mois à cause de problèmes avec son permis de travail (l'homme dans la soixantaine est né en Grèce). Les New-Yorkais ont signé une pétition, tapissé son kiosque d'affiches exigeant son retour, et milité auprès du maire Bill de Blasio. En janvier 2014, le cadenas a été retiré. Jerry était de retour.

L'auberge de jeunesse de luxe

106 À mes yeux, la **Bowery House** est un mélange d'auberge de jeunesse et d'hôtel-boutique. Les propriétaires ont converti les 3e et 4e étages d'un ancien refuge pour les sans-abri en un refuge de luxe pour voyageurs. L'établissement a l'avantage d'être très bien situé. Les chambres-cubicules (*cabins*) coûtent de 67 à 134 $ la nuit. À l'époque de la Seconde Guerre mondiale, cet endroit hébergeait les soldats de retour au pays [220 Bowery].

La pharmacie aux motos Harley-Davidson

107 La populaire marque de produits de beauté **Kiehl's** a été lancée dans East Village en 1851, dans une pharmacie qui a toujours pignon sur rue. C'est un véritable musée de produits anciens et le paradis des échantillons gratuits. Étrangement, on peut même y admirer une collection de vieilles motos Harley-Davidson [109 3rd Ave].

Le restaurant indémodable

108 Le restaurant **Indochine** a peu changé depuis les années 1980. Andy Warhol, Madonna et Jean-Michel Basquiat étaient des habitués. Le restaurant est toujours aussi populaire auprès des mannequins et designers. Je me souviens d'y avoir mangé entourée de David Bowie, Iman et Marc Jacobs. C'est l'endroit tout indiqué les vendredis soir. La cuisine est d'inspiration franco-vietnamienne. Les plats à essayer sont la bouillabaisse vietnamienne et l'amok cambodgien, sole au lait de coco cuite dans une feuille de bananier [430 Lafayette St].

Le meilleur expresso

109 Longtemps, les touristes européens se sont plaints de ne trouver que des Starbucks à New York, mais il y a maintenant des cafés indépendants dans tous les quartiers. Mes préférés dans East Village sont le minuscule comptoir **Abraço** [86 E 7th St], **Ninth Street Espresso** [700 E 9th St], **Ost Cafe** pour l'ambiance bohème [441 E 12th St] et **Everyman Espresso**, qui sert de bureau à plusieurs blogueurs. Vous risquez d'y apercevoir Ryan Gosling ou les membres du groupe The Strokes [136 E 13th St].

Manger dans un arbre de Noël

110 **Panna II** et **Milon** sont deux restaurants indiens sis côte à côte dans la 1st Avenue. Ils appartiennent au même propriétaire depuis 1990. Celui-ci a décoré ces temples du kitsch avec assez d'ampoules et d'objets lumineux pour vider trois quincailleries. Les serveurs doivent se faufiler entre les fils et l'on a l'impression d'être assis au milieu d'un arbre de Noël. Heureusement, on y mange très bien [93 1st Ave]. Dans le quartier Gramercy, le restaurant allemand **Rolf's** exhibe le même genre de décor. Il n'est pas étonnant que l'endroit soit très fréquenté dans le temps des fêtes [281 3rd Ave].

La porte et le cœur ouverts

Anthony Pisano compte parmi les personnages à la fois uniques, authentiques et complètement attachants qui ont croisé ma route depuis mon arrivée dans cette ville. Des personnages dont je prends des nouvelles de temps en temps pour m'assurer qu'ils vont bien.

J'ai rencontré M. Pisano en déambulant un soir dans 7th Street, entre 1st Avenue et Avenue A. Il était assis devant la vitrine de ce que je croyais être un magasin d'antiquités, une bouteille de San Pellegrino à ses pieds. Sa porte était grande ouverte et la voix de Frank Sinatra se déversait sur le trottoir. Les bras croisés, il observait les passants. « *Come in, darling.* » Je me suis aventurée seule à l'intérieur. L'espace sombre, à peine plus grand qu'une voiture de métro, était chargé d'objets empilés jusqu'au plafond. Au fond, j'ai découvert un lit, une cuisine et un piano à queue. J'ai alors compris que je n'étais pas dans une boutique, mais bien dans son appartement! Depuis des décennies, cet homme accumule instruments de musique, horloges figées dans le temps, vieux bijoux, photos d'époque, etc. Son chez-soi est une véritable caverne d'Ali Baba, où rien n'est à vendre.

J'ai d'abord cru que j'étais tombée sur un obsessionnel compulsif qui entasse maladivement tout ce qu'il trouve, mais je me suis bientôt rendu compte que, bien au contraire, tout est ordonné chez M. Pisano, et qu'il n'est même pas attaché à ces objets. Pour lui, c'est tout simplement un prétexte pour rencontrer des gens. D'ailleurs, il leur demande souvent de choisir un truc qui leur plaît en souvenir de leur visite.

M. Pisano m'a avoué qu'il aime bien repérer les couples fâchés. Il les invite à entrer chez lui et la magie opère. « Ça marche à tous les coups, dit-il. Ils ressortent toujours bras dessus, bras dessous. »

Sa porte est toujours ouverte aux étrangers, ce qui est plutôt étonnant dans une ville comme New York. « C'est ma véranda, ici, dit-il à propos de son petit bout de trottoir. Personne ne m'a jamais rien volé. » Je lui ai demandé : « Vous faites vraiment confiance aux gens ? » Il m'a répondu : « Pourquoi pas ? » Un jour, il a même trouvé une jeune femme endormie sur son lit.

« Le quartier n'a pas changé, dit-il, ce sont les gens qui ont changé. C'est mieux maintenant, il n'y a plus de drogués, c'est beaucoup plus sûr. » Il y a une vingtaine d'années, il a retiré les grilles de sa fenêtre.

Né en Sicile, M. Pisano a débarqué à New York à l'âge de 10 ans. Musicien, il a joué dans les années 1950 au Copacabana. Il a aussi été dans la marine marchande pendant 15 ans.

Lorsque je lui ai demandé de me parler de sa carrière, il m'a répondu: «J'ai été marié cinq mois, voilà ma carrière!» Il a eu six enfants, qui ont été élevés avec un père qui laissait entrer les étrangers chez eux.

M. Pisano est toujours locataire de son appartement, au 102 East 7th Street, mais le propriétaire a essayé de l'en chasser plusieurs fois. Dans les années 1980, le loyer était d'environ 150 $ par mois. Aujourd'hui, dans ce quartier, ce serait plutôt 3000 $.

Passez lui dire bonjour! Il vous laissera peut-être repartir avec un souvenir, qui sait? Et ne vous surprenez pas s'il vous lance un «Bye-bye, love» au moment des adieux.

Meatpacking District. Chelsea. Union Square

- Voir + photographier
- Boire + manger
- Shopping + brocante
- Arts + culture
- Activités + promenades

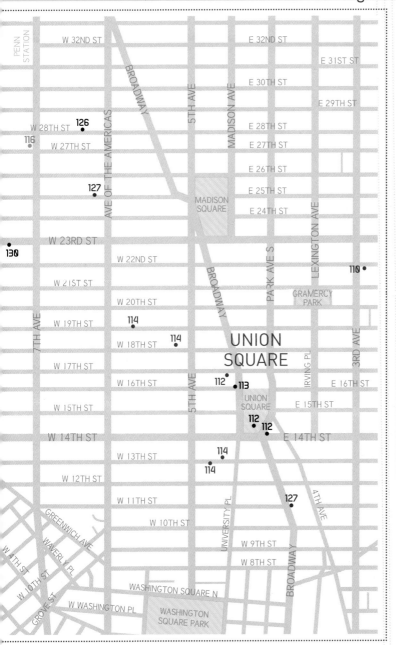

PENN STATION

W 32ND ST
E 32ND ST
E 31ST ST
BROADWAY
5TH AVE
MADISON AVE
E 30TH ST
E 29TH ST
W 28TH ST **126**
E 28TH ST
116
W 27TH ST
E 27TH ST
AVE OF THE AMERICAS
E 26TH ST
127
E 25TH ST
MADISON SQUARE
E 24TH ST
W 23RD ST
LEXINGTON AVE
130
W 22ND ST
PARK AVE S
W 21ST ST
110
BROADWAY
W 20TH ST
GRAMERCY PARK
7TH AVE
W 19TH ST **114**
W 18TH ST **114**
UNION SQUARE
3RD AVE
W 17TH ST
IRVING PL
W 16TH ST **112** **113**
E 16TH ST
5TH AVE
UNION SQUARE
W 15TH ST
E 15TH ST
112
W 14TH ST
112 **112**
E 14TH ST
W 13TH ST
114
114
W 12TH ST
W 11TH ST
127
4TH AVE
GREENWICH AVE
W 10TH ST
UNIVERSITY PL
W 9TH ST
WAVERLY PL
W 8TH ST
BROADWAY
W 4TH ST
W 10TH ST
WASHINGTON SQUARE N
GROVE ST
W WASHINGTON PL
WASHINGTON SQUARE PARK

Le square le plus éclectique

112 Observer les créatures qui peuplent **Union Square** est un spectacle en soi. Les joueurs d'échecs se mêlent aux activistes d'Occupy Wall Street, aux adeptes de Hare Krishna, aux artistes, aux breakdancers et aux junkies. On surnomme d'ailleurs l'allée qui traverse le parc, du côté est, Methadone Alley, puisqu'elle est habituellement infestée de vendeurs de drogue.

Depuis 1976, les mercredis, vendredis et samedis, 140 fermiers installent leurs étals de produits biologiques à Union Square. On peut y croiser des chefs reconnus, par exemple Mario Batali (Babbo, Del Posto, Lupa, etc.), qui y font leurs emplettes.

Quand j'ai envie d'un pique-nique à Union Square, je passe d'abord au comptoir **Rainbow Falafel**, situé au nord-ouest du parc. La plupart des plats à emporter sont végétariens. Je commande systématiquement le sandwich falafel (4,50 $) et un petit café turc (2,50 $). Mohammad Jamal, le souriant propriétaire, fait parmi les meilleurs falafels de New York, et cela depuis 1992 [26 E 17th St].

Jetez un coup d'œil à l'immense œuvre d'art qui se trouve sur la façade d'un immeuble au sud-est du parc, dans East 14th Street. *Metronome* est une des œuvres d'art public les plus détestées des New-Yorkais, qui la qualifient souvent de « grotesque ». À gauche de l'énorme trou d'où s'échappe de la fumée, une suite de 15 chiffres lumineux défilent, certains lentement, d'autres à toute vitesse. Ce n'est pas le compte à rebours avant la fin du monde, ni le compteur de la dette publique, mais une horloge très précise en format 24 heures. Les sept premiers chiffres indiquent l'heure qu'il est, jusqu'aux dixièmes de seconde ; les autres chiffres, le temps qui reste avant le début d'une nouvelle journée.

Le berceau du Pop Art

113 La **Factory**, le studio d'Andy Warhol, pape du Pop Art, a eu trois emplacements à New York, dont deux à Union Square. La première adresse était dans Midtown East, puis en 1968 Warhol s'établit au 6ᵉ étage du Decker Building [33 Union Sq W], où il a produit ses plus importantes sérigraphies et tourné plusieurs films. C'est aussi à cette adresse qu'il a survécu à une tentative d'assassinat. En 1973, il emporta ses pénates un peu plus loin, au 860 Broadway, où il a travaillé jusqu'en 1984. Il emménagea ensuite dans sa maison du 57 East 66th Street, où il vécut jusqu'à sa mort, le 22 février 1987.

Vin, risotto, tapas et brownies

114 Restaurant surprenant, **All'onda** propose un menu italien, mais avec des influences japonaises. Essayez le risotto au homard ou le plat de pâtes bucatini avec oursins fumés et croûtons épicés [22 E 13th St]. Chez **Boqueria**, un restaurant espagnol, on sert d'excellents tapas et une bonne paella aux fruits de mer [53 W 19th St]. Pour prendre un verre, **Corkbuzz** est un excellent bar à vins et restaurant, l'endroit idéal pour goûter à de nouvelles boissons sans se ruiner [13 E 13th St]. Au dessert, **City Bakery** propose d'excellents brownies, biscuits et chocolats chauds [3 W 18th St].

Une soirée dans l'univers de *Macbeth*

115 Se promener dans un décor d'hôtel des années 1930, le visage caché sous un masque, être témoin d'un meurtre, vivre une scène de bal sanglante, observer des ébats enflammés et découvrir des passages secrets, c'est un peu tout cela, le spectacle *Sleep No More*, une immersion multisensorielle dans l'univers de la pièce *Macbeth* de Shakespeare, création de la troupe Punchdrunk.

Dans le quartier Chelsea, un entrepôt situé dans un immeuble anonyme de 27th Street (un secteur qui abritait jadis des boîtes de nuit comme Bungalow 8) a été converti en hôtel des années 1930, le **McKittrick**. La superficie des lieux est de 10 000 mètres carrés et le souci du détail est renversant. Les artisans ont dû travailler pendant quatre mois pour décorer les cinq étages. Tous les meubles sont de vraies antiquités et les animaux empaillés proviennent de collections particulières.

À votre arrivée sur les lieux, un majordome vous fait d'abord entrer dans un bar Art déco, où une vingtaine de personnes attendent, un verre de champagne à la main, en écoutant un orchestre de jazz. On vous tend un masque blanc à la *Eyes Wide Shut*. Commence alors un voyage hallucinatoire de près de trois heures. Chaque personne évolue à son rythme à travers les pièces, que ce soit une chambre d'enfant, un bureau de détective, un magasin de bonbons, un cimetière, une salle de bal, une aile d'hôpital psychiatrique ou une forêt hantée.

Dans tous ces lieux, il y a des objets qu'on peut toucher, sentir et goûter. On peut ouvrir les tiroirs, fouiller les vêtements, lire des lettres à la recherche d'indices, dormir dans le lit de Lady Macbeth, ouvrir les placards et découvrir un passage secret, tout cela dans une ambiance des plus mystérieuses. Les sons multiples, une trame sonore de film et des odeurs de terre, de formol, de fleurs séchées et de sang complètent l'expérience sensorielle.

On découvre au passage des acteurs qui jouent, muets, les scènes de *Macbeth*. Certains sont de véritables acrobates qui dansent, comme possédés, parmi les meubles. On peut les suivre dans leur course; ils peuvent aussi s'agripper à nous. Quelques-uns sont complètement nus. Certaines scènes d'orgie, de meurtre et d'avortement sont tellement crues que la pièce est interdite aux mineurs de moins de 16 ans.

Cela dit, ne comptez pas sur ce spectacle pour comprendre *Macbeth*. De toute façon, il est impossible de voir toutes les scènes, mais une chose est sûre : *Sleep No More* bouleversera vos sens et assouvira vos élans de voyeurisme. Un billet coûte de 80 $ à 130 $ [530 W 27 th St].

Le musée de la mode

116 Le **Fashion Institute of Technology** est un des rares musées spécialisés dans la mode aux États-Unis. La collection permanente comprend quelque 50 000 vêtements et accessoires datant du XVIIIe siècle jusqu'à nos jours. Les étudiants qui se pressent aux portes de l'école sont habillés comme dans les pages des magazines avant-gardistes. L'entrée est gratuite, mais le musée est fermé les dimanches, lundis et jours fériés [227 W 27th St].

Comme dans un film de Hitchcock

117 Juste à côté du McKittrick Hotel se trouve le restaurant **The Heath**, au menu inspiré de la cuisine britannique traditionnelle. Si vous avez envie d'un restaurant au décor théâtral, c'est l'endroit où aller. On se croirait dans un film noir hitchcockien, à manger dans une ancienne voiture de train, pendant qu'un orchestre de jazz improvise. Des personnages peuvent vous interrompre à tout moment pour vous emmener dans une pièce secrète. Le décor vole un peu la vedette au repas, mais c'est une expérience que vous n'oublierez pas. Vous pouvez terminer la soirée au bar **Gallow Green**, le magnifique jardin sur le toit [542 W 27th St].

Dormir dans un séminaire néo-gothique

118 Le High Line Park a entraîné l'ouverture de plusieurs restaurants sur 10th Avenue et d'un de mes hôtels favoris, le **High Line**. L'hôtel-boutique de 60 chambres est aménagé dans un ancien séminaire datant de 1817. Le réfectoire de 1000 mètres carrés est une des plus belles salles de New York. Les chambres sont meublées à l'ancienne et plusieurs ont des foyers. L'hôtel n'a pas de restaurant, mais tient un café ouvert à tous, l'**Intelligentsia Coffee**. Il y a aussi un *coffee truck* dans le jardin devant l'hôtel, un vieux Citroën 1963 [180 10th Ave].

Le High Line Park

119 Cette oasis de verdure aménagée sur une portion désaffectée d'une ancienne voie ferrée, dans le sud de Manhattan, fait la fierté des New-Yorkais. Construit dans les années 1930 pour le transport des marchandises, le chemin de fer qui surplombe le sud-ouest de l'île a été abandonné peu à peu au profit des camions. Le dernier train, qui transportait des dindes congelées, a circulé sur le **High Line** en 1980.

Pendant longtemps, le maire Rudy Giuliani a voulu démolir cette voie ferrée. Plusieurs célébrités, comme Ethan Hawke, Edward Norton, Martha Stewart et la designer Diane von Furstenberg, ont soutenu les citoyens de West Village lorsque, en 1999, ils ont mis sur pied un organisme pour la sauver. L'arrivée de Michael Bloomberg à la mairie en 2002 a catalysé le projet et, 10 ans après les balbutiements, la première section du parc a été inaugurée en juin 2009.

Ce parc linéaire comporte plusieurs points d'accès et débute à l'angle de Gansevoort Street et Washington Street. Il se prolonge sur trois kilomètres jusqu'à West 34th Street. De là-haut, on a sous les yeux une tout autre perspective de New York. À travers les immeubles industriels et résidentiels, on aperçoit, chemin faisant, des échappées sur le fleuve Hudson et l'Empire State Building. Voilà une agréable façon de se soustraire au trafic tout en espionnant les New-Yorkais sur leurs balcons! Vous pourriez tomber sur une classe de yoga en plein air, déguster une glace, reluquer les fenêtres de l'imposant **Standard Hotel**, vous asseoir dans un des amphithéâtres pour observer le spectacle des taxis qui zigzaguent sur les avenues, ou profiter des nombreuses installations artistiques. Le

soir, des diodes électroluminescentes éclairent les plantes. Le parc est devenu tellement populaire que je préfère désormais y aller le soir pour éviter la foule. Le High Line est ouvert de 7 heures à 23 heures tous les jours, du 1er juin au 30 septembre. Le reste de l'année, vérifiez les heures d'ouverture à cette adresse électronique : thehighline.org/visit.

Le parc linéaire a aussi provoqué un boom immobilier dans le secteur et stimulé l'implantation de nombreux commerces et restaurants, dont le nouveau **Whitney Museum of American Art**, dessiné par l'architecte italien Renzo Piano. Aux 4645 mètres carrés de surface intérieure viennent s'ajouter 1205 mètres carrés de terrasses extérieures, où sont exposées des œuvres d'art [99 Gansevoort St].

Ne manquez pas le restaurant italien **Santina**, aménagé dans un cube de verre sous le High Line [820 Washington St] et juste à côté, le dernier restaurant authentique et abordable du quartier, **Hector's Cafe & Diner** (A). Ce *greasy spoon* et est encore fréquenté aujourd'hui par la classe ouvrière. On a pu voir l'établissement dans la série télé *Law & Order* [44 Little W 12th St]. À quelques pas, vous trouverez le **Gansevoort Market**, une foire alimentaire de 750 mètres carrés, avec plusieurs kiosques où l'on peut manger sandwiches au homard, tacos, crêpes, sushis et macarons [52 Gansevoort St].

Faire la tournée des galeries

120 **Chelsea** compte environ 200 galeries d'art dans le quadrilatère situé entre 10th et 11th Avenues, et entre 20th et 27th Streets. Le samedi, il est très agréable d'en faire la tournée, et en plus c'est gratuit. Cependant, la plupart des galeries sont fermées le dimanche. Téléchargez l'application Chelsea Gallery Map pour connaître l'adresse et l'exposition présentée dans chacune des galeries. Voici mes galeries préférées...

Pour l'art contemporain et pour découvrir des artistes internationaux : **Andrea Rosen** [525 W 24th St], **David Zwirner** [519, 525, 533 et 537 W 19th St], **Gagosian** [555 W 24th St et 522 W 21st St], **Mary Boone** [541 W 24th St], **Mike Weiss** [520 W 24th St], **Pace Gallery** [508 W 25th St] et **Gladstone Gallery** [515 W 24th St et 530 W 21st St]. Pour la photographie : **Yossi Milo** [245 10th Ave].

La pizza que l'on n'oublie pas

121 J'ai mangé la meilleure pizza de New York chez **Co.**, un des secrets les mieux gardés de la ville. Le restaurant appartient à Jim Lahey, surnommé le « maître du pain ». Essayez la pizza Popeye, la Margherita ou celle aux shiitakes [230 9th Ave]. L'ancien sculpteur devenu boulanger est aussi propriétaire de Sullivan Street Bakery, juste à côté. C'est l'endroit idéal pour les sandwiches. Ses paninis Caprese et Pollo Club frôlent la perfection [236 9th Ave].

Renaissance grecque et « starchitecte »

122 Chelsea possède les plus beaux immeubles modernes de New York. Le plus connu, le **IAC building**, ressemble à un iceberg. Il a été dessiné par l'architecte canadien **Frank Gehry** [555 W 18th St]. Juste à côté se trouve la tour d'habitation conçue par l'architecte français **Jean Nouvel**. La façade est constituée de 1647 panneaux de verre aux différentes teintes de bleu [100 11th Ave]. Un peu plus au nord, on peut admirer la tour futuriste de l'architecte irakienne **Zaha Hadid**. L'immeuble me fait penser à la maison des Jetson [520 W 28th St].

S'il y a un bout de rue à voir dans ce quartier, c'est **Cushman Row**, un ensemble de sept maisons néo-classiques (ou *Greek Revival*) dans West 20th Street, entre 9th et 10th Avenues. Construites en 1840, ces maisons comptent parmi les plus vieilles de Chelsea [406-418 W 20th St].

Un cocktail dans une baignoire

123 **Bathtub Gin** est un bar caché derrière le comptoir de café **Stone Street** dans 9th Avenue. Une baignoire de cuivre, dans laquelle on peut s'asseoir, trône au centre du bar ; c'est un clin d'œil à l'époque de la prohibition, quand on confectionnait l'alcool dans les baignoires. La carte comprend plusieurs cocktails à base de gin et quelques petits plats à déguster. Je préfère y aller les soirs de semaine pour éviter les foules. Habituellement, on y entend du hip hop [132 9th Ave].

Les meilleures tables

124 Les meilleurs tapas de New York sont chez **Toro**, un restaurant de 120 places aménagé dans une ancienne usine. Le menu comprend près de 59 choix de tapas modernes et traditionnels, et une grande variété de gin-tonics. Le service est impeccable [85 10th Ave].

L'été, j'aime manger à la grande terrasse du restaurant italien **La Bottega**, un des rares endroits de New York où, même sans réservation, vous aurez une table sans attendre. Le restaurant est situé au Maritime Hotel. Je vous suggère d'aller admirer le hall rétro-nautique [363 W 16th St].

Juste à côté, au sous-sol du **Dream Hotel**, vous trouverez **Bodega Negra**, un excellent restaurant mexicain au décor sombre et éclectique. Le menu s'inspire de la cuisine du Yucatán. Gardez-vous de la place pour son célèbre dessert, le Don Huevo, un gâteau au chocolat caché sous un globe de chocolat blanc que l'on fait fondre en y versant du caramel chaud [355 W 16th St].

Un autre restaurant de choix doté d'une grande terrasse est le **Cookshop**, situé tout près du High Line Park. Le menu saisonnier est composé d'ingrédients locaux. Belle sélection de cocktails, avec ou sans alcool [156 10th Ave].

Empire Diner (A) est un restaurant emblématique des années 1940 à New York. Il apparaît dans plusieurs films, dont *Manhattan* de Woody Allen et *Home Alone*. À essayer : le plat de saumon fumé et burrata, la soupe à l'oignon gratinée et le Patty Melt [210 10th Ave].

Le repaire des gourmands

125 Grande foire alimentaire située dans l'ancienne usine de biscuits Nabisco, Chelsea Market est la version new-yorkaise du célèbre Embarcadero de San Francisco. **Chelsea Market** occupe tout un pâté de maisons. On y entre à l'angle de 9th Avenue et 15th Street et on en ressort dans 10th Avenue. Mes kiosques favoris sont **The Lobster Place** pour les fruits de mer, **Beyond Sushi** pour ses sushis végétaliens faits de riz noir, **One Lucky Duck** pour ses smoothies santé, **Amy's Bread** pour les sandwiches, et le comptoir à café **Ninth Street Espresso**. N'oubliez pas de lancer un sou dans la fontaine au centre du marché, on dit que ça porte bonheur.

La jungle urbaine

126 Le quartier des marchands de fleurs n'est plus ce qu'il était au siècle dernier, mais on trouve encore quelques vendeurs dans **28th Street**, entre 6th et 7th Avenues. Les trottoirs y sont envahis par les plantes et les arbres exotiques. J'adore marcher dans ce secteur et entrer dans chaque boutique ; on se croirait dans un pays tropical. La plupart des commerces ont à peine changé depuis les années 1890. Si l'on est attentif, on peut encore apercevoir des enseignes de cette époque.

On ne fait pas de factures séparées dans les restaurants de New York. Une seule facture atterrit sur la table et habituellement les convives divisent la note en parts égales, même si une personne n'a mangé qu'une simple salade et que ses compagnons se sont goinfrés de caviar. Je me suis fait avoir plusieurs fois... #onlyinNY

124A 125

La Mecque du vintage

127 **New York Vintage** est le costumier de nombreux films et émissions de télévision (*The Great Gatsby, Boardwalk Empire* et *Sex and the City*). Située dans la rue des antiquaires et fréquentée par les stylistes de stars, cette boutique est un petit musée de la mode. La propriétaire Shannon Hoey a rassemblé une des plus grandes collections de vêtements couture vintage de New York et une vaste sélection de pièces des années 1920. Ouvert au public [117 W 25th St].

Si vous cherchez plutôt un costume, une visite chez **Halloween Adventure** s'impose. Ouvert à longueur d'année, c'est un des plus grands magasins de déguisements de New York [808 Broadway].

Une dégustation de saké et de sushis sur un voilier

128 Pour une centaine de dollars, on peut s'embarquer sur un grand voilier (un *schooner*) pour déguster sur le pont des sushis du restaurant **Morimoto**, arrosés de plusieurs variétés de sakés. Une expérience inoubliable. La croisière Morimoto appareille de Chelsea Piers [Classic Harbor Line, Pier 62, à la hauteur de 22nd Street], d'avril jusqu'à la fin novembre, et le voilier descend l'Hudson jusqu'à la statue de la Liberté au coucher du soleil (www.sail-nyc.com).

126 128

Le *morning man* préféré des New-Yorkais

129 **Pat Kiernan**, c'est monsieur sympa. Un sourire de petit garçon espiègle dans un costume de chef d'antenne sérieux. Le Canadien de 46 ans (en 2015) anime le bulletin de nouvelles de la chaîne NY1 depuis 1997. Il fait partie de la routine matinale de plus d'un million de New-Yorkais.

Kiernan n'affiche pas cette bonne humeur forcée qui semble obligatoire dans les émissions matinales des grands réseaux ; il doit plutôt son succès à une touche de sarcasme bien dosée. « Je ne fais pas semblant d'être de bonne humeur. Les New-Yorkais n'aiment pas qu'on les farcisse de blagues, ils préfèrent un humour subtil, en filigrane », dit l'animateur friand de culture populaire. « Je n'ai jamais été le genre de journaliste avec un grand J, incapable de lire *People*. »

Pas étonnant qu'il soit devenu le chouchou de blogues comme Gothamist et surtout Gawker, où on le qualifie de « *unironically beloved* », de « *Bieber for adults* » et de « *greatest newsman in New York* ». Tous les 1er juillet, il devient le « Canadien de service » pour ces blogues fascinés par leurs voisins du Nord.

Ce qui a assuré le succès de son émission matinale, c'est un segment tout simple de huit minutes intitulé *In The Papers*, où il épluche les journaux pour résumer les articles importants à ses yeux. Il y en a pour tous les goûts. Depuis 2009, ce segment est devenu le populaire site Internet patspapers.com.

Quand j'ai rencontré l'animateur, il s'était levé à 2 heures 30 du matin. À 4 heures, il était à NY1, dans l'immeuble du Chelsea Market, et de 5 heures à 10 heures il était en ondes. C'est ainsi chaque matin depuis 1997.

« J'ai tout essayé et la méthode qui marche le mieux pour moi c'est de faire une sieste de deux heures l'après-midi et de me coucher le soir à onze heures. Je n'ai pas besoin de beaucoup de sommeil. » Il doit faire partie de cette fameuse *sleepless elite* ! Détail étonnant chez un *morning man*, Pat Kiernan ne boit pas de café.

« Même après toutes ces années, ce n'est pas normal de se réveiller à deux heures et demie du matin, mais c'est selon moi la meilleure plage horaire pour faire mon métier. On réussit à nouer une relation réellement personnelle avec l'auditoire. » Jerry Seinfeld est l'un de ses fidèles auditeurs.

Né à Calgary en 1968, Kiernan a étudié le commerce à l'Université de l'Alberta à Edmonton, où il a travaillé quelques années à la radio et à la télé avant de déménager à New York en 1996 pour animer le Fortune Business Record sur NY1, la chaîne de nouvelles continues de Time Warner. L'année suivante, il passait à l'émission du matin. Au fil des ans, d'autres grands réseaux américains et canadiens l'ont courtisé, mais il est resté fidèle à NY1. Pat Kiernan est un des rares Canadiens qui travaillent dans le milieu des médias à New York. Depuis le départ de Peter Jennings et de John Roberts, il ne reste plus qu'Ali Velshi, sur Al Jazeera America, et Pat.

Le moment marquant de sa carrière demeure le 11 septembre 2001. « Ce matin-là, j'étais loin de me douter que la prochaine pause commerciale n'aurait lieu que trois semaines plus tard. » Le jour du drame, il est resté 15 heures en ondes.

Le dernier bastion hippie

130 « *I remember you well in the Chelsea Hotel* », chantait Leonard Cohen dans les années 1970 en hommage au célèbre immeuble où il a écrit certaines de ses plus grandes chansons. Pendant 130 ans, l'hôtel à l'architecture victorienne gothique de 23rd Street a été le repaire des poètes, des peintres et des punks. Tous y sont passés, dont Bob Dylan, Jimi Hendrix, Janis Joplin, Jim Morrison, Édith Piaf, Joni Mitchell, Jean-Paul Sartre, Arthur Miller, Stanley Kubrick, The Ramones, et, bien entendu, Leonard Cohen. Rufus Wainwright a habité l'appartement à la hauteur de la lettre *E* de l'enseigne. On dit que sa chambre était constamment inondée de lumière rouge, comme dans un des célèbres épisodes de *Seinfeld*.

Le Chelsea a été construit de 1883 à 1885. C'était l'immeuble d'appartements le plus haut de la ville à l'époque. En 1905, il a été en partie converti en hôtel.

Ce sont sans doute ses murs épais qui ont attiré artistes et musiciens. Le dernier étage ne comprenait d'ailleurs que des studios d'artistes, à cause de la hauteur des plafonds. Mais Stanley Bard y fut aussi pour quelque chose. Directeur de l'hôtel dès 1955, il était connu pour héberger gratuitement des peintres en échange de toiles. Il a ainsi constitué une importante collection d'œuvres d'art qui ornaient les murs de l'hôtel et du hall.

Cela dit, le véritable trésor caché du Chelsea se trouve au sommet. Certains locataires habitaient des greniers transformés en *penthouses*, accessibles seulement par le toit. Chacun possédait son jardin avec une vue imprenable sur la ville, un petit paradis de fleurs et de fer forgé.

Le **Chelsea Hotel** abritait tout un monde excentrique : des chiens partout, des résidants aux lunettes rondes qui ressemblaient à Bob Dylan, des mamies

130

multicolores en scooter électrique dans les corridors et des employés aussi vieux que les meubles.

En 30 ans de service, Jerry Weinstein, le réceptionniste, en a vu de toutes les couleurs — locataires qui hébergeaient singes et serpents, suicide dans la cage d'escalier, meurtre sordide de Nancy Spungen en 1978, peut-être assassinée par son compagnon Sid Vicious des Sex Pistols. On a retrouvé la jeune femme poignardée dans la salle de bains de la chambre nº 100. Lui est mort d'une overdose d'héroïne quatre mois plus tard, avant son procès.

Ces dernières années, le Chelsea a subi d'importants travaux pour être transformé en hôtel-boutique. Au moment où j'écrivais ces lignes, la réouverture était prévue pour la fin de 2015. Certains résidants tenaces ont pu conserver leur appartement malgré les travaux. Ils forment ce qu'on appelle la dernière bulle bohème de New York.

L'art et la mode remplacent... la viande

131 Le **Meatpacking District** est l'ancien quartier des abattoirs, des emballeurs de viande, des trafiquants de drogue et des prostituées. Dans les années 1990, mieux valait ne pas s'y aventurer. Aujourd'hui, c'est la mode qui domine. Les boutiques de designers comme **Diane von Furstenberg**, **Alexander McQueen** et **Stella McCartney** ont remplacé les vieux entrepôts.

Dans Washington Street, une galerie d'art a pris possession des locaux de **Pat LaFrieda**, un grossiste en viande qui y avait pignon sur rue depuis 75 ans. C'est une des choses les plus étranges que j'aie vues à New York. L'espace est resté le même, mais accueille aujourd'hui des expositions avant-gardistes. L'odeur de «jus de viande» imprègne encore les murs. C'est à peine supportable, mais «ça fait partie de l'expérience», explique la directrice de la galerie **Gavin Brown's Enterprise** [620 Greenwich St].

133

L'hôtel-boutique au look soviétique

133 Les chambres du **Standard**, un hôtel prisé, sont hors de prix, mais ça ne veut pas dire qu'on ne peut pas profiter des lieux. Au rez-de-chaussée sont établis le restaurant **Standard Grill** et le **Biergarten**, très couru l'été. **Boom Boom Room** (A), la populaire boîte de nuit, est au 18e étage. À son inauguration, certains ont qualifié l'endroit de «nouveau Studio 54», la célèbre discothèque new-yorkaise des années 1980.

Là-haut, le décor rappelle l'esthétique des films de James Bond, avec ses banquettes de cuir beige, son piano à queue blanc, ses foyers en forme d'œufs dorés et ses serveuses vêtues comme des hôtesses de l'air. Cependant le seuil est difficile à franchir; le plus simple est de réserver une table entre 6 et 9 heures du soir, quand le bar est ouvert à tous. Au même étage, il y a une discothèque extérieure, **Le Bain** (B), d'où la vue circulaire embrasse tout Manhattan. L'endroit est très populaire l'été lors des 5 à 7. L'hiver, il y a une patinoire au niveau de la rue, sur **The Standard Plaza** [848 Washington St].

L'hôtel propose même un service de transport par hydravion pour vous amener dans les Hamptons en 45 minutes l'été. Ce n'est évidemment pas donné (stndair.com).

Frapper des balles de golf à Manhattan

132 Aménagé sur un ancien embarcadère au bord du fleuve Hudson [entre 17th et 23rd Streets], **Chelsea Piers** est le plus grand complexe sportif de New York. C'est là que le *Titanic* aurait dû accoster en avril 1912. En 1995, les immenses hangars de Chelsea Piers ont été convertis en installations sportives. On peut désormais y patiner, jouer au soccer, au tennis, au basketball, faire du yoga, suivre des cours de danse ou de voile. Il y a aussi un gymnase pour les enfants. C'est un endroit formidable pour frapper des balles de golf. Les cases individuelles sont réparties sur quatre étages et font face au fleuve. Le Golf Club est chauffé et ouvert à longueur d'année, jusqu'à minuit tous les jours de mars à octobre. Hors saison, jusqu'à 23 heures. Je vous recommande d'y aller au coucher du soleil [Pier 59 – 18th St].

132

133 A

133 B

Le gourou du *nightlife*

134 Vingt ans de *nightlife* new-yorkais, ça laisse des traces. « Une fois, en 1992, on m'a tiré dessus dans une boîte de nuit. La balle m'a effleuré le front, j'en ai conservé une cicatrice », dit Jeffrey Jah en me montrant de l'index son ancienne blessure. Il raconte l'anecdote comme s'il ne s'était agi que d'une simple visite chez le dentiste.

Jeffrey Jah est né à Vancouver et a passé son enfance à Toronto. À 14 ans, il fréquente les clubs de musique alternative et organise des partys à travers la ville. À 16 ans, il décide d'interrompre sa scolarité, déménage à New York et découvre les clubs de l'heure, dont le Paradise Garage, le Milk Bar, Area et The World. Il se met alors à organiser des soirées dans les boîtes de nuit Tunnel, USA et Danceteria. « Je faisais venir des groupes comme Smashing Pumpkins et Pearl Jam pour presque rien. Il se consommait une quantité folle de stupéfiants à l'époque. Dans les années quatre-vingt-dix, New York était comme le Far West. Il y avait une épidémie de crack et d'héroïne, en particulier dans le Lower East Side. » Aujourd'hui, New York est une des villes les plus sûres des États-Unis. Un peu trop au goût de Jeffrey. L'embourgeoisement de certains quartiers fait la vie dure aux boîtes de nuit. Il cite l'exemple du fameux Meatpacking District.

« Nous avons ouvert le club Lotus en 1999, au moment où le Meatpacking était rempli de drag queens, de prostituées et de trafiquants de drogue. Petit à petit, le voisinage est devenu plus branché, le restaurant Pastis et des boutiques de créateurs sont apparus. Les rues sont devenues plus propres et plus sûres. Ensuite, il y a eu le boom immobilier. Aujourd'hui, les locataires des luxueux condos se plaignent du bruit. Vous voulez vivre dans un quartier tendance ? Eh bien, il y a un prix à payer pour cela. On a oublié que New York est la ville qui ne dort jamais. »

Les New-Yorkais sortent surtout les soirs de semaine. « Les personnes qui habitent ici travaillent dur et jouent dur. La vie est très stressante, la plupart des gens sont célibataires et ne sont pas prêts à aller au lit tout de suite après le travail », explique Jah. Ils veulent aussi éviter de se mêler à la foule des banlieusards qui débarquent à Manhattan le week-end, banlieusards qui ont hérité du surnom de « *bridge and tunnel people* ».

À New York, une boîte de nuit ou un restaurant vit deux ans en moyenne, mais Jeffrey Jah semble avoir trouvé la recette de la longévité. Certaines de ses boîtes, comme le Lotus, ont été en pleine activité pendant 10 ans. Il est aujourd'hui propriétaire des restos-clubs The Lambs Club et Beautique, dans Midtown.

L'autre musée du 11-Septembre

135 **Gary Marlon Suson** est le seul photographe qui a eu accès à Ground Zero pour documenter les recherches des pompiers dans les mois qui ont suivi les attentats du 11 septembre 2001. Il en a conservé près de 3000 clichés et des objets qu'il expose maintenant au public dans ce qu'on appelle le «plus petit grand musée» de New York.

Le **Ground Zero Museum Workshop**, dans le Meatpacking District, a beau ne faire que 100 mètres carrés, on en ressort bouleversé. Ce qui était jadis le studio de Suson est maintenant rempli à craquer de reliques qui témoignent de l'horreur, chacune faisant l'objet d'une histoire racontée par le photographe sur un audioguide.

On peut y voir, par exemple, cette horloge trouvée dans la station de train sous le Word Trade Center, dont les aiguilles se sont arrêtées à 10 heures, 2 minutes, 14 secondes, soit au moment où la tour Sud s'est écroulée. On peut aussi voir un morceau du fuselage de l'avion qui s'est encastré dans la tour Nord; et une canette de bière vintage retrouvée dans les décombres (des ouvriers avaient caché de nombreuses canettes de Rheingold entre les poutres lors de la construction des tours à la fin des années 1960 ou au début des années 1970). Il y a aussi de rares morceaux de vitre du WTC. Rares, puisque 99% des 43 600 fenêtres ont été réduites en poussière.

En 2001, Gary n'était qu'un simple photographe de mode originaire de Chicago, acteur et scénariste à ses heures. Dans les jours suivant les attentats, il a publié des photos de la ville en deuil sur le site septembereleven.net. Ses clichés ont été remarqués par le syndicat des pompiers de New York, qui a alors décidé de lui confier une responsabilité exceptionnelle: l'accès à Ground Zero pendant sept mois

pour documenter les recherches des 343 pompiers disparus. Il y avait cependant quelques conditions: il ne serait pas payé, ne pourrait publier ses clichés qu'à la toute fin des recherches, et les bénéfices seraient versés à des œuvres de bienfaisance pour les familles des victimes.

Gary ne se doutait absolument pas de ce qui l'attendait. Il en garde encore aujourd'hui des séquelles psychologiques, lui qui a passé 7 mois à arpenter un univers parallèle, passant de 16 à 19 heures par jour dans le ventre du monstre, entouré de morts. Il pleurait seul le soir en rentrant chez lui. «Je n'avais personne à qui parler, personne qui comprenait ce qui se passait là-bas.» De 2002 à 2005, il a souffert d'une grave dépression. «C'était trop lourd à porter et j'ai voulu partir à cinq reprises. Je n'avais pas été préparé à cela, je ne suis pas un secouriste.»

Cela dit, il y a eu des moments qui l'ont incité à persévérer, par exemple lorsqu'il a trouvé dans les décombres une page de la Bible, 80 pieds sous terre. C'était un passage de la Genèse sur la tour de Babel. En jaune était surlignée cette phrase: *Et l'Éternel dit: Voici, ils forment un seul peuple et ont tous une même langue...* «J'ai interprété ça comme un signe», dit Gary.

C'est une visite aux Pays-Bas en 2004, dans la maison d'Anne Frank, qui lui a donné l'idée de faire la même chose à New York. «Les larmes qu'on verse dans mon musée font partie du processus de guérison. Si on ne peut intérioriser la catastrophe, on ne peut guérir», croit-il.

Le tarif est de 25$ et l'argent est versé à six œuvres de bienfaisance chargées de porter assistance aux familles des pompiers GroundZeroMuseumWorkshop.com [420 W 14th St, 2e étage].

New York huppé et immeubles emblématiques

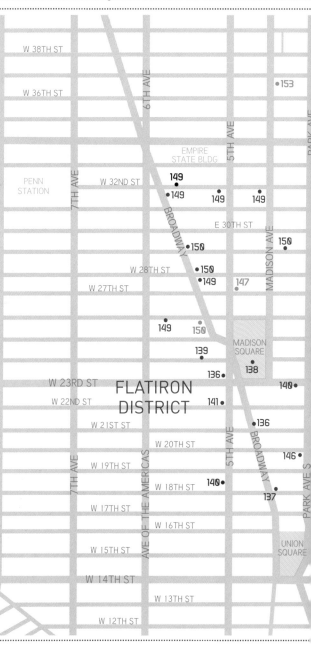

W 38TH ST

W 36TH ST

● 153

6TH AVE

5TH AVE

PARK AVE

PENN STATION

EMPIRE STATE BLDG

7TH AVE

W 32ND ST

149
● 149   149   149

BROADWAY

E 30TH ST

● 150

MADISON AVE

150

W 28TH ST

● 150
● 149   ● 147

W 27TH ST

149   150 ●

139 ●

MADISON SQUARE

136 ●   138 ●

W 23RD ST

FLATIRON DISTRICT

140 ●

W 22ND ST

141 ●

W 21ST ST

136 ●

W 20TH ST

5TH AVE

BROADWAY

146 ●

AVE OF THE AMERICAS

W 19TH ST

7TH AVE

W 18TH ST

140 ●

137

W 17TH ST

W 16TH ST

PARK AVE S

W 15TH ST

UNION SQUARE

W 14TH ST

W 13TH ST

W 12TH ST

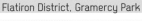

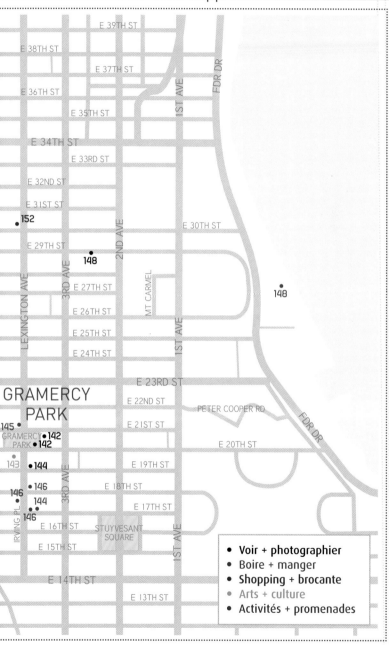

E 39TH ST
E 38TH ST
E 37TH ST
E 36TH ST
E 35TH ST
E 34TH ST
E 33RD ST
E 32ND ST
E 31ST ST
152
E 30TH ST
E 29TH ST
148
2ND AVE
E 27TH ST
148
E 26TH ST
MT CARMEL
E 25TH ST
E 24TH ST
1ST AVE
FDR DR
3RD AVE
LEXINGTON AVE
1ST AVE

E 23RD ST
GRAMERCY PARK
E 22ND ST
PETER COOPER RD
145
E 21ST ST
GRAMERCY 142
PARK 142
E 20TH ST
FDR DR
143
144
E 19TH ST
146 146
E 18TH ST
144
E 17TH ST
146
STUYVESANT SQUARE
3RD AVE
E 16TH ST
IRVING PL
E 15TH ST
1ST AVE
E 14TH ST
E 13TH ST

- Voir + photographier
- Boire + manger
- Shopping + brocante
- Arts + culture
- Activités + promenades

La plupart des New-Yorkais n'ont pas d'auto, les trottoirs sont donc leurs autoroutes. Le flux des piétons doit être rapide et constant. Ceux qui veulent ralentir pour regarder vers le haut doivent se ranger sur le côté. Les New-Yorkais ne regardent jamais en l'air. #onlyinNY

Le voyage express en Italie

136 **Eataly** est un marché intérieur de 4000 mètres carrés, situé dans un immeuble historique du Flatiron District. Ce nouveau temple du mouvement Slow Food, originaire de Turin, est entièrement consacré à la gastronomie italienne. On y trouve deux cafés, une *gelateria*, une boulangerie, sept restaurants dont une pizzeria, et tous les produits italiens dont on peut rêver. Il y a une brasserie sur le toit (Birreria), l'endroit idéal pour boire une bière en fin de journée ou pour manger sous les étoiles [200 5th Ave].

Un peu plus au sud sur Broadway, on trouve **Obicà**, un bar à mozzarella où j'ai mangé la meilleure mozzarella di bufala campana de tout New York. Le précieux fromage est livré deux fois par semaine d'une ferme de la Campanie, en Italie. Tous les plats sont préparés avec des ingrédients de première qualité, sous les yeux des convives, à la manière d'un comptoir à sushis [928 Broadway].

Un repas inoubliable dans un magasin de tapis

137 **ABC Kitchen** est situé dans le très chic magasin de meubles **ABC Carpet & Home**, une entreprise familiale fondée en 1897. C'est mon restaurant préféré à New York. Si vous ne pouviez vous offrir qu'un seul bon repas en ville, c'est là qu'il faut aller. J'aime particulièrement le décor — poutres de bois, murs de briques blanches, nombreux chandeliers et vaisselle fleurie hétéroclite. Le chef Jean-Georges Vongerichten n'utilise que des ingrédients biologiques provenant de fermes locales. Essayez la tartine de crabe et aïoli citronné, l'entrée de ricotta, la salade de carottes rôties et avocat, et la pizza aux épinards et fromage de chèvre [35 E 18th St].

Madison Square Park

138 **Madison Square Park** se trouve à la hauteur de East 23rd Street, entre Madison et 5th Avenue. À longueur d'année, on peut y voir des sculptures et des installations interactives. L'été, on peut y pique-niquer ; le coup d'œil est superbe sur l'Empire State Building. J'y vais surtout pour le populaire **Shake Shack** (coin sud-est du parc), le casse-croûte le plus couru de New York depuis 10 ans. Commandez un hamburger avec un *frozen custard*. Avant de s'y rendre, on peut même vérifier la longueur de la file d'attente sur son site (shakeshack.com). Une caméra, la Shack Cam, diffuse en direct des images du kiosque. Il a subi d'importantes rénovations à partir d'octobre 2014, mais devait rouvrir vers le milieu de 2015.

Un lunch rétro avant le shopping

141 «Nous faisons augmenter le taux de cholestérol des New-Yorkais depuis 1929», proclame avec ironie le slogan du **Eisenberg's Sandwich Shop**. En plein cœur du Flatiron District, l'étroite luncheonette se spécialise dans les sandwiches au pastrami, *tuna melt* et petits déjeuners américains. Grâce à Victor, le sympathique propriétaire, cet établissement n'a pas perdu son âme ni son authenticité. Je m'y arrête parfois pour m'asseoir au comptoir rétro devant un café [174 5th Ave]. Je descends ensuite 5th Avenue vers Washington Square Park pour faire du lèche-vitrines. **Fifth Avenue**, au sud de 23rd Street, possède de magnifiques immeubles Beaux-Arts; c'est aussi un bon endroit où magasiner, beaucoup moins achalandé que dans Midtown.

Le voyage express à Mexico

139 Si vous avez plutôt envie de manger mexicain, **Cafe El Presidente** se trouve juste à côté d'Eataly. Le décor de cette grande *taqueria*, bar à jus et épicerie évoque un marché mexicain. Les tortillas sont faites sur place. Le menu comprend 12 sortes de tacos et plusieurs cocktails faits de jus fraîchement pressés [30 W 24th St].

Ping-pong et cocktails

140 **SPiN** est le populaire club de ping-pong fondé par l'actrice Susan Sarandon. On peut jouer au ping-pong tout en sirotant un cocktail ou en regardant un match professionnel. L'établissement comprend 17 tables, un bar, un restaurant et une salle VIP. SPiN est ouvert à tous durant le jour et aux personnes de 21 ans et plus après 21 heures [48 E 23rd St].

Le dernier parc privé

142 Voulez-vous avoir un aperçu du train de vie de l'élite new-yorkaise? Je vous suggère un petit tour de **Gramercy Park**, le dernier parc privé à Manhattan. Inauguré en 1831 et protégé par une clôture depuis 1833, il est inspiré des squares de Londres. Il faut une clé pour y accéder, et seuls les résidants qui habitent autour du parc en ont une, mais les clients du **Gramercy Hotel**, juste à côté, peuvent aussi y aller, pour peu qu'ils en fassent la demande au concierge. Si vous ne logez pas à l'hôtel, vous pourrez tout de même observer le parc à travers les grilles [E 20th St, à l'est de Park Ave]. Les maisons qui l'entourent sont parmi les plus convoitées en ville. L'immeuble blanc du 36 Gramercy Park East est un chef-d'œuvre de terracotta néo-gothique.

Si vous voyez une vedette, feignez l'indifférence. Les New-Yorkais ne fixent jamais les autres, ils sont imperturbables. Contrairement à ce qui se passe à Los Angeles, les stars jouissent d'un relatif anonymat dans les rues de New York. #onlyinNY

142

144

143

The Block Beautiful

144 C'est ainsi qu'on surnomme **East 19th Street** à l'est d'Irving Place. Avec son mélange éclectique de maisons colorées, ce tronçon de rue est un des plus photogéniques de la ville. Un peu plus à l'est, j'aime particulièrement l'architecture autour de Stuyvesant Square. Sur Irving Place, il y a un charmant bed & breakfast dans une maison qui date de 1834. **The Inn** est un des hôtels les plus romantiques de New York et chaque chambre possède son propre foyer [56 Irving Pl].

Le club des amateurs d'art

143 Du côté sud du parc se trouve le **National Arts Club**, un club privé pour artistes et mécènes fondé en 1898 par l'auteur et poète Charles De Kay. À New York, faire partie d'un club privé est un indicateur du statut social. Plusieurs stars, par exemple Martin Scorsese, Robert Redford et Uma Thurman, en sont membres. Woody Allen y a tourné son *Manhattan Murder Mystery*.

J'ai déjà visité le club, prétextant que je voulais m'y inscrire. J'ai découvert un endroit où le temps s'est figé dans un passé lointain. La maison de cinq étages est classée monument historique et plusieurs meubles datent de 1840. Il y a des œuvres d'art partout. Les quatre galeries d'art du club sont ouvertes au public de 10 heures à 17 heures, du lundi au vendredi, sans frais. On peut aussi y suivre des cours de dessin les soirs de semaine pour une quinzaine de dollars [15 Gramercy Park St].

Le jardin sur le toit

145 Le **Gramercy Park Hotel** est un des plus beaux hôtels de Manhattan. Son jardin couvert, au dernier étage, est un bijou. On peut y déjeuner entouré de plantes exotiques ou y prendre un verre le soir en admirant le superbe Chrysler Building. **Maialino**, le restaurant de l'hôtel au rez-de-chaussée, est une des meilleures tables italiennes en ville, autant pour le brunch que pour le repas du soir. Le service est d'une grande attention [2 Lexington Ave].

145

Tapas, cocktails et tavernes

146 Excellent resto espagnol, **Casa Mono** sert une cuisine catalane et plusieurs spécialités de la péninsule ibérique. Essayez l'œuf de canard à la truffe noire et le steak avec marmelade d'oignons. L'annexe du restaurant, Bar Jamon, propose tapas, jambon ibérique et plusieurs fromages. Le comptoir bondé rappelle l'ambiance des bars à tapas de Barcelone [52 Irving Pl].

Depuis 1994, **Gramercy Tavern** est l'un des restaurants les mieux cotés de New York, une des grandes réussites des restaurateurs Danny Meyer et Tom Colicchio. On y mitonne une cuisine saisonnière, américaine, avec des produits locaux et une grande variété de fromages [42 E 20th St]

Le plus vieux restaurant de New York, **Pete's Tavern** (A), a ouvert ses portes en 1864, comme en témoignent les photos sur ses murs. Pour manger un bon steak dans un décor authentique, c'est l'endroit [129 E 18th St].

Au *cocktail parlor* **Dear Irving**, on a l'impression de voyager dans le temps. Le concept est inspiré du film *Midnight In Paris* de Woody Allen. Le bar est divisé en quatre pièces qui évoquent quatre époques distinctes : 1961, 1923, 1857 et 1772. On passe donc de l'univers de John F. Kennedy à celui de Jay Gatsby, d'Emma Bovary et de l'aristocratie française [55 Irving Pl].

146 A

Le musée qui fait rougir

147 Dans la ville qui ne dort jamais, on ne devrait pas s'étonner de trouver un musée consacré au sexe. Le **Museum of Sex** (MoSEX) présente des expositions temporaires et permanentes, dont une sur la vie sexuelle des animaux, et une collection impressionnante de jouets sexuels de toutes les époques. Le musée abrite aussi un resto-bar, **Play**, où l'on sert des cocktails aphrodisiaques. Le Pareidolia est censé goûter l'homme fraîchement rasé qui vient de griller une cigarette. On ne le boit pas dans un verre, mais on lèche plutôt le liquide visqueux sur une assiette qui ressemble à de la peau... [1 E 27th St]

Manger *al fresco* dans Kips Bay

148 **Riverpark** est un des rares restaurants de New York où l'on peut manger dehors au bord de l'eau. La grande terrasse et le bar extérieur offrent une vue spectaculaire sur East River et ses nombreux ponts. Cet établissement, l'un des seuls attraits de ce quartier peu fréquenté, appartient au restaurateur new-yorkais Tom Colicchio, cofondateur du réputé restaurant Gramercy Tavern. Le menu est saisonnier et les ingrédients proviennent de fermes locales. À essayer à l'heure du brunch : le sandwich-déjeuner aux œufs brouillés, roquette, poitrine de porc et cheddar [450 E 29th St].

En marchant dans 29th Street, ne manquez pas l'ensemble architectural formé d'une maison blanche et d'une remise, inscrit au Centre des monuments nationaux. Il s'agit d'une des dernières maisons de bois de New York. Les historiens ne s'entendent pas quant à l'année de sa construction, mais certains parlent de 1790. Malheureusement, on ne visite pas cette résidence privée [203 E 29th St].

Séoul à deux pas de l'Empire State Building

149 Dans ce minuscule quartier de Manhattan, dont le cœur est situé dans 32nd Street, entre Broadway et 5th Avenue, la culture sud-coréenne domine. Tout comme à Séoul, les commerces de **Koreatown** sont empilés les uns sur les autres, et l'on y trouve plusieurs clubs de karaoké et restaurants-barbecues ouverts tard le soir. L'incontournable est **Hanjan**, un gastropub qui propose une cuisine à la fois traditionnelle et moderne. Prenez place à la grande table commune et commandez un plat d'ailes de poulet (sa spécialité), le bol de morue épicée (plat saisonnier) et une Makgeolli, bière de riz qui goûte le cantaloup. Les poulets cuisinés par le chef ont été abattus le matin même [36 W 26th St].

Le quartier abrite aussi **Hangawi**, un des meilleurs restaurants végétariens en ville. Dans une atmosphère zen, on mange assis par terre, déchaussé [12 E 32nd St]. J'aime aussi **Mandoo Bar**, où l'on façonne les dumplings à la main, à la vue des passants, dans la vitrine du restaurant [2 W 32nd St].

Pour me sentir dépaysée dans ma propre ville, j'opte pour **Gaonnuri**, niché au 39e étage d'une tour de bureaux, d'où la vue est spectaculaire sur les immeubles illuminés de Herald Square. Le nom du restaurant signifie «centre du monde» en coréen. Chaque table a son propre barbecue au milieu ; c'est donc l'endroit idéal pour les soupers de groupe ou pour célébrer un anniversaire [1250 Broadway].

Le nouveau quartier branché

150 Un nouveau quartier a émergé ces dernières années à Manhattan. Le secteur peu attrayant de Broadway, entre 23th et 30th Streets, portait jusqu'à tout récemment le surnom de «rectangle sans nom». C'était le quartier des vendeurs de parfums de contrefaçon, de valises et de perruques. Le quartier a été rebaptisé **NoMad** en 2010 (acronyme de NOrth of MADison Square Park).

L'arrivée de plusieurs start-ups, du **Ace Hotel**, de la boutique **Opening Ceremony**, du **Stumptown Coffee Roasters** et des restaurants **The Breslin** et **John Dory Oyster Bar**, tous situés à l'angle de Broadway et de 29th Street, ont revivifié le secteur.

La célèbre librairie **Rizzoli**, chouchoute des New-Yorkais, a d'ailleurs décidé de s'installer dans le quartier après 50 ans dans Midtown. La réouverture aura lieu au printemps 2015 [1133 Broadway].

Mon restaurant favori dans le quartier est **Marta** (A), une pizzeria aménagée dans le grand hall de l'hôtel **Martha Washington**. Je prends place au bar et j'observe le chef Nick Anderer à l'œuvre. Ses pizzas rustiques à la croûte mince et croustillante sont cuites dans un four à bois. Viandes, poissons et légumes sont rôtis sur des braises, suivant la tradition romaine [29 E 29th St].

À l'angle de Broadway et 28th Street, le **NoMad Hotel** (B) rappelle l'hôtel Costes de Paris avec son atrium, ses épais rideaux de velours, ses dorures, sa bibliothèque, ses baignoires sur pattes, son hall sombre et son restaurant couru par les fashionistas. Les deux hôtels ont été décorés par le designer d'intérieur français Jacques Garcia. L'immeuble de style Beaux-Arts, qui date de 1905, a été entièrement restauré. La façade ressemble aux magnifiques immeubles du boulevard Haussmann à Paris. Maison Kitsuné y a d'ailleurs ouvert sa première boutique hors de Paris, au rez-de-chaussée [1170 Broadway].

150 A

150 B

151

Les puits dans le ciel

151 Montréal a ses clochers et New York, ses **citernes d'eau**. Elles font partie du paysage, au même titre que la statue de la Liberté et l'Empire State Building, mais peu de gens savent à quoi elles servent vraiment. À Manhattan, on estime qu'il y a environ 10 000 citernes sur le toit des immeubles, surtout dans le sud de l'île. Chacune contient suffisamment d'eau pour alimenter un édifice pendant une journée. Au XIXᵉ siècle, les autorités ont obligé tous les immeubles de plus de six étages à installer un tel réservoir, parce que la pression de l'eau dans l'aqueduc municipal était insuffisante pour alimenter les étages supérieurs. C'est toujours le cas aujourd'hui, puisque les infrastructures n'ont pas été modernisées.

L'eau potable de New York, l'une des meilleures au monde, est acheminée par gravité depuis les bassins versants du nord de l'État. L'été, la municipalité connecte à même les bornes d'incendie des fontaines où les passants peuvent se désaltérer.

Le temple de la mode avant-gardiste

152 La Mecque du shopping de Londres, **Dover Street Market**, a ouvert une succursale à New York en janvier 2014, dans le quartier qui est peut-être le moins à la mode de Manhattan, Murray Hill. Le complexe de plusieurs étages, aménagé dans une ancienne banque, expose les créations de designers de renom, dont Prada et Comme des Garçons, mais aussi plusieurs designers émergents. Les vêtements sont tout à fait hors de prix ; je visite plutôt les lieux pour être au fait des tendances et pour manger chez **Rose Bakery**, le populaire restaurant parisien du rez-de-chaussée. Puisque la copropriétaire Rose Carrarini est une Britannique, on y sert le thé avec des scones après 16 heures [160 Lexington Ave].

La bibliothèque de livres précieux

153 Si vous aimez les livres, l'architecture et l'histoire, vous devez, avant de mourir, visiter l'impressionnante bibliothèque de **Pierpont Morgan**. En 1906, le riche financier et bibliophile a fait construire une annexe à sa maison pour ranger son imposante collection de livres et d'objets anciens. L'immeuble s'inspire de l'architecture des villas italiennes de la Renaissance. On peut y admirer un moule du visage de George Washington réalisé en 1785, des partitions de Mozart, une Bible de Gutenberg imprimée en 1445, des lettres de Thomas Jefferson à sa fille et un des 25 exemplaires originaux de la Déclaration d'indépendance des États-Unis [225 Madison Ave].

I ♥ NY

154 L'octogénaire **Milton Glaser** est le créateur du célèbre logo I ♥ NY. Né dans le Bronx d'un père tailleur, l'homme parle de sa ville avec affection. « C'est une ville assoiffée d'idées. Ce n'est pas un lieu, mais un état d'esprit, un écran sur lequel on peut se projeter. »

Après 60 ans de carrière, il dirige toujours son entreprise de design graphique, entouré de jeunes talents de la relève. Eux devant leurs ordinateurs, lui un crayon à mine à la main. Étrangement, on ne voit pas le fameux logo dans son bureau, sauf sur un minuscule macaron. M. Glaser soupire quand on lui demande de raconter la genèse du logo. « Pour moi, cette histoire est d'un ennui... », dit-il, assis à son bureau, dans le même immeuble où il a fondé New York Magazine en 1968.

Dans les années 1970, l'État de New York lui avait demandé d'imaginer une campagne publicitaire destinée à ramener les touristes dans la ville. New York traversait alors une importante crise fiscale, les citadins et les entreprises fuyaient, la criminalité et le trafic des drogues étaient en hausse et les crottes de chien polluaient les rues. Bref, New York n'avait aucun glamour. Plusieurs soutiennent que ce petit logo rouge et noir, conçu en 1977, a en quelque sorte sauvé la Grosse Pomme. « Ce serait très prétentieux de ma part de le dire, mais d'une certaine façon c'est vrai, puisque cela a cristallisé l'amour des New-Yorkais pour leur ville. À l'époque, les gens n'étaient pas du tout fiers de leur ville, mais le fait de porter sur soi le logo a causé un revirement d'opinion. »

L'idée du logo lui est venue tout bonnement dans un taxi. « J'avais d'abord conçu deux losanges avec les mots *I love New York*, quelque chose de très banal. Puis, un soir dans un taxi, je me suis dit que je pouvais faire mieux. Sur un bout de papier, j'ai alors écrit I ♥ NY. C'est loin d'être une œuvre de génie », dit-il avec modestie.

Le succès que ces quatre caractères ont généré le dépasse encore. « C'est incompréhensible, je ne peux pas sortir de la maison sans le voir. C'est si omniprésent que c'en est devenu invisible. »

Pourquoi ce logo a-t-il marqué les esprits, selon lui ? « Parce qu'il consiste en une suite de trois petits morceaux de puzzle : le " I " est un pronom personnel ; le " NY " est l'abréviation d'une ville ; et le cœur symbolise une émotion. Il faut donc décoder le message, qui se grave ainsi dans les esprits. Mais la vraie explication, c'est que je n'en ai aucune idée. »

Aujourd'hui, on dit que tous les produits portant le célèbre logo génèrent des revenus de 30 millions de dollars par année. M. Glaser, lui, n'a jamais touché un sou, puisqu'il avait accepté d'élaborer ce logo à titre gracieux, pour aider sa ville. Cela dit, il n'est pas amer. « Je ne l'ai pas fait pour l'argent, et de toute façon il serait difficile d'en quantifier la valeur. J'ai gagné beaucoup d'argent au cours de ma carrière et je peux me permettre de ne pas m'en soucier. »

Le logo a fait un retour en force après le 11 septembre 2001. « Au lendemain des attentats, j'ai compris que I LOVE NEW YORK n'était plus suffisant après ce qui venait de se passer. J'ai tout simplement réalisé que j'aimais ma ville plus que jamais. Quand quelqu'un tombe malade, on se rend compte à quel point on l'aime. » M. Glaser a alors créé une nouvelle affiche, I ♥ NEW YORK MORE THAN EVER, avec dans le cœur un trou noir qui représente Ground Zero.

« On a fait imprimer cinq mille affiches et une soixantaine d'étudiants les ont placardées partout dans la ville. Les New-Yorkais ont très bien réagi, parce que notre démarche était sincère, ce n'était pas de la publicité. » Encore aujourd'hui, on peut apercevoir des affiches dans les fenêtres de certains commerces.

C'est aussi Milton Glaser qui avait conçu le design du mythique restaurant Windows of the World, qui était perché au sommet de la tour Nord. Dans son bureau, il a disposé sur une étagère les derniers exemplaires des tasses et des assiettes du restaurant.

New York s'est-elle complètement remise de la tragédie ? « Cette blessure psychique est profonde et n'est pas encore guérie, répond-il. Mais il y a eu du bon, après. Je pense que la ville est devenue consciente de la fragilité des choses. Les New-Yorkais ont cessé de tenir leur ville pour acquise. »

Candy Cab

155 Au cours de ces années passées à New York, on peut dire que j'en ai vu de toutes les couleurs au rayon des taxis (un chauffeur drogué m'a un jour amenée contre mon gré au New Jersey, un autre s'est arrêté à mi-course pour prier, etc.). Chaque trajet est une aventure. Mansoor Khalid, alias **Candy Cab**, est celui qui éclipse tous les autres.

D'origine pakistanaise, Mansoor est arrivé à New York en 1993, où il a obtenu un diplôme d'ingénieur. Comme c'est souvent le cas à New York, il n'a pas trouvé d'emploi bien rémunéré dans son domaine et il s'est mis à conduire un taxi à temps partiel pour arrondir ses fins de mois. Il a finalement décidé de devenir chauffeur à temps plein il y a une dizaine d'années.

Le 12 avril 2012, un grand malheur s'est abattu sur Mansoor : son fils unique de 18 mois, Saad, est mort de complications dues à une malformation cardiaque congénitale. Chaque nuit, après son quart de travail, il rendait visite à son fils hospitalisé dans le Bronx. Il apportait toujours des cafés et des gâteaux aux infirmières et aux médecins, qui l'ont bientôt surnommé *coffee man*. Voir un sourire apparaître sur le visage des gens lui procurait un peu de réconfort.

En retournant au travail après la mort de son fils, il a voulu perpétuer cette tradition naissante et a décidé d'offrir des friandises à ses clients. Aujourd'hui, Mansoor dépense en moyenne 300 $ par semaine en sacs de bonbons. « Mon taxi, c'est comme ma seconde femme, j'en prends soin. » IL EST INTERDIT DE MANGER DANS CE TAXI, SAUF DES BONBONS, peut-on lire sur un écriteau dans sa voiture. L'espace sous la lunette arrière est jonché de sucreries et à chaque coup de frein une pluie de réglisses et de sucettes vous tombe dessus. Son coffre est rempli de provisions et il garde un sac de chocolats à l'avant. Il encourage les clients à tout manger.

« Le premier jour où j'ai fait ça, tous les bonbons ont disparu en quelques heures. Je me suis rendu compte que cela pouvait changer la journée d'une personne. Depuis, je n'ai jamais cessé d'offrir des bonbons à mes clients. » Il a aussi accroché des lumières disco et des haut-parleurs dans l'habitacle pour que les clients fassent jouer la musique de leur iPhone.

« Pour moi, c'est comme une carte de visite, et j'ai mes pages Twitter, Facebook et Instagram », dit le chauffeur qui compte des milliers d'abonnés. On peut lui écrire sur Twitter (@candycabNYC) et il promet de venir vous chercher sans frais supplémentaires. Et, si c'est votre anniversaire, la course est gratuite.

Le bouche à oreille a fait son œuvre et Mansoor Khalid est maintenant une vedette locale. Certains clients sont touchés par cette surdose d'altruisme, inhabituelle dans une ville comme New York. Une cliente, après avoir lu son histoire sur Internet, lui a envoyé un courriel avec un lien Pay Pal pour lui offrir 300 $.

Après avoir passé 20 minutes dans son taxi, j'en suis ressortie les mains pleines de friandises et le sourire aux lèvres.

Néons, grandes avenues et Broadway

Midtown, Long Island City

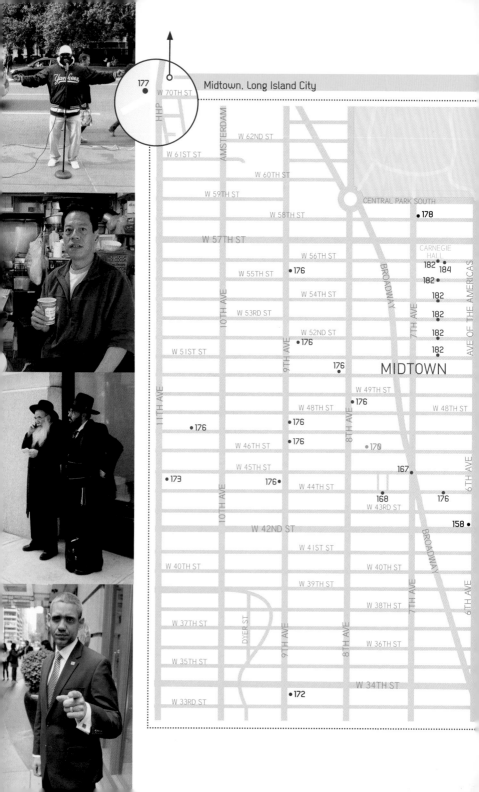

- **Voir + photographier**
- **Boire + manger**
- **Shopping + brocante**
- Arts + culture
- **Activités + promenades**

E 62ND ST
E 61ST S
E 60TH ST
E 59TH ST
E 58TH ST
E 58TH ST
E 57TH ST
E 56TH ST
E 56TH ST
E 55TH ST
W 54TH ST
E 54TH ST
E 54TH ST
MoMA
E 53RD ST
E 52ND ST
W 51ST ST
E 51ST ST
ST PAT'S
E 50TH ST
ROCKEFELLER CENTER
E 49TH ST
E 48TH ST
W 47TH ST
E 46TH ST
W 45TH ST
E 45TH ST
E 44TH ST
GRAND CENTRAL
E 43RD ST
CHRYSLER BLDG
E 42ND ST
BRYANT PARK
NY PUBLIC LIBRARY
E 40TH ST
E 41ST ST
E 39TH ST
E 38TH ST
E 37TH ST
E 36TH ST
E 35TH ST
EMPIRE STATE BLDG
E 34TH ST
E 33RD ST

5TH AVE
LEXINGTON AVE
PARK AVE
2ND AVE
FRANKLIN DELANO ROOSEVELT DR
5TH AVE
MADISON AVE
3RD AVE
1ST AVE
PARK AVE
3RD AVE
TUNNEL EXIT ST
TUDOR CITY PL

189
179
189
157
179
169
186 186
169
190
190
171
156
159
159
180

157
188
181
185
183

165
166
166
194
193
195
193
191 192
191 192

LONG ISLAND CITY

EAST RIVER

La bibliothèque qui regorge de trésors

156 Une visite à la **New York Public Library** est incontournable, ne serait-ce que pour admirer les fresques au plafond de la salle de lecture du 3e étage (Rose Main Reading Room). J'y vais souvent pour écrire et y trouver l'inspiration. Dans la salle d'en face (The Edna Barnes Salomon Room), on travaille entouré de peintures représentant George Washington, la famille Astor et autres personnages notoires, dont l'écrivain Truman Capote. Voilà l'un de ces lieux publics de New York, tout comme le hall de Grand Central Terminal, qui anoblissent le quotidien des citadins. Ouverte en 1911, la bibliothèque de style Beaux-Arts abrite près de 15 millions d'ouvrages, dont un exemplaire de la Bible de Gutenberg et des manuscrits médiévaux. Il y a même une collection de cartes de baseball rares et 45 000 menus de restaurants qui remontent jusqu'aux années 1800. La majorité des livres sont entreposés sous terre, dans deux immenses salles creusées sous Bryant Park. L'accès à la bibliothèque est gratuit, ainsi que l'Internet sans fil. Vous serez accueilli par Patience et Courage, les deux lions de marbre qui gardent l'entrée de l'immeuble [5th Ave et 42nd St].

La tour des galeries

157 **The Fuller Building**, un magnifique immeuble Art déco (1929), abrite plusieurs galeries d'art ouvertes au public. Le hall vaut à lui seul le détour. J'assiste souvent aux expositions de la galerie **Howard Greenberg**, spécialisée dans la photographie (14e étage). C'est l'endroit idéal pour échapper au tumulte de Midtown.

Je suis une admiratrice de Vivian Maier, la photographe de rue, dont l'œuvre a été découverte après sa mort. Howard Greenberg est la seule galerie aux États-Unis qui expose et vend ses photos.

La galerie présente aussi des clichés d'Eugène Atget, d'Henri Cartier-Bresson et du New-Yorkais Joel Meyerowitz, un autre de mes photographes de rue favoris [41 E 57th St]. Demandez le répertoire des galeries à la réception.

Après une visite, je vais souvent me rassasier chez **Menkui-Tei**, un boui-boui japonais qui ne paie pas de mine, mais où l'on sert de nombreuses soupes ramen délicieuses, pour quelques dollars [60 W 56th St].

Les sculptures vertes venues du Québec

158 À l'angle de 6th Avenue et 42nd Street, jetez un coup d'œil dans l'atrium du siège social de la **Bank of America**. Vous verrez quatre sculptures végétales qui ont été conçues par les Mosaïcultures internationales de Montréal. Une d'elles mesure 25 pieds de haut et pèse 25 tonnes. Le design de ce hall a été inspiré par les films de Tim Burton [115 W 42nd St].

159

Une oasis entre les gratte-ciels

159 **Bryant Park**, derrière la bibliothèque, est l'un des plus beaux parcs de New York. On peut y patiner l'hiver, mais je préfère y aller l'été pour la bibliothèque extérieure, le vieux carrousel et les joueurs de pétanque et de ping-pong. On peut s'installer dehors pour travailler, puisqu'il y a une quarantaine de prises de courant pour les ordinateurs et un accès Internet sans fil gratuit. Si vous souhaitez pique-niquer sur place, sachez que le restaurant Le Pain Quotidien, de l'autre côté de la rue, propose des mets à emporter [70 W 40th St].

Délices italiens à petit prix

160 Pour un café digne de ce nom et un lunch de qualité à deux pas de Grand Central Terminal, je vais chez **Cipriani Le Specialità**. On y trouve pâtisseries, sandwiches, pâtes et salades à prix abordable, une rareté dans le quartier des affaires. L'endroit est fréquenté par plusieurs Italiens — c'est bon signe. Attablez-vous dehors et observez le bal des passants [120 E 42nd St].

La galerie des murmures

161 Voici le secret le moins bien gardé de Grand Central Terminal, mais l'un des plus romantiques. Devant l'entrée du Oyster Bar, une grande voûte portée par deux arches possède des propriétés acoustiques mystérieuses. Deux personnes placées aux extrémités de cette arche peuvent s'entendre chuchoter. Plusieurs profitent de la magie de la «**Whispering Gallery**» pour faire une demande en mariage.

161

159

Des huîtres sous les voûtes

162 Fondé en 1913, le **Grand Central Oyster Bar**, au sous-sol de Grand Central Terminal, même s'il est très touristique, n'est pas délaissé par les New-Yorkais, surtout pas le midi, quand débarquent les businessmen de Midtown. Déguster des huîtres à Grand Central est un grand classique new-yorkais. J'adore ce restaurant de fruits de mer pour son atmosphère de cafétéria, pour ses plafonds de tuiles en voûtes et pour ses nappes à carreaux, rouge et blanc. En plus de la salle à manger traditionnelle, le restaurant comprend une section «saloon» et un comptoir à sandwiches. On y propose en tout temps une trentaine de variétés d'huîtres et une excellente Florida Key Lime Pie. De 16 heures 30 à 19 heures, certaines huîtres coûtent 1,25 $ chacune [89 E 42nd St].

162

163 164

Le bar-appartement

163 The Campbell Apartment est un bar épatant situé dans l'ancien bureau de John W. Campbell, un riche homme d'affaires qui louait cette partie de Grand Central Terminal dans les années 1920. Le jour, c'était son bureau et le soir, un bar où il accueillait ses amis. Pour concevoir le décor, il s'est inspiré d'un palais florentin du XIIIe siècle. On dit qu'il a dépensé 300 000 $ pour les tapis persans seulement [15 Vanderbilt Ave].

Jouer au tennis en attendant le train

164 Grand Central Terminal est probablement la seule gare au monde où l'on peut jouer au tennis. Au 4e étage, le **Vanderbilt Tennis Club** comprend deux courts de tennis ouverts au public. À travers les fenêtres en arc, on aperçoit Park Avenue. On peut y accéder en entrant par la porte du 15 Vanderbilt Avenue et en prenant l'ascenseur. Il faut réserver un court une semaine à l'avance en écrivant à l'adresse suivante : desk@vanderbilttennisclub.com.

Un taxi est libre quand le voyant lumineux du milieu du lanternon est allumé. Si les deux voyants latéraux sont allumés, le taxi est hors service (les mots « *Off duty*» sont alors lisibles). Si les feux du lanternon sont tous éteints, c'est que le taxi est occupé. #onlyinNY

Comme à Tokyo

165 À New York, pour s'éloigner des circuits touristiques, il faut parfois gratter sous la surface. L'izakaya (bar à saké et à petits plats japonais) **Sakagura** est situé au sous-sol d'un banal immeuble de bureaux. Pour l'atteindre, il faut d'abord traverser le hall, saluer le gardien de sécurité et descendre l'escalier. Au fond d'un corridor de béton apparaît alors une salle à manger insoupçonnée. Même les toilettes sont *high tech*, comme à Tokyo. On y sert près de 200 sortes de sakés [211 E 43rd St].

L'enclave urbaine

166 En vous promenant du côté nord de East 42nd Street, à l'est de 2nd Avenue, vous découvrirez un escalier qui grimpe dans un quartier distinct, **Tudor City**, un complexe de 12 immeubles de style Tudor (ou néo-gothique, diront certains) construits dans les années 1920. Isolé de la grille urbaine, c'est un endroit où l'on peut échapper au chaos de la ville. J'adore me promener dans les parcs au design très anglais. On a d'ailleurs tourné des scènes du film *Spider-Man* au 5 Tudor City Place. En revenant sur vos pas, ne manquez pas les jardins tropicaux, ouverts au public, dans l'atrium du Ford Foundation Building, une petite jungle verdoyante au cœur de la jungle de béton [320 E 43rd St ; ou accès par 42nd St].

Times Square, version zen

167 Sur Broadway, entre 45th et 46th Streets, sur l'îlot central pour les piétons, il y a un puits d'aération du métro. À travers la grille de ce puits montent des harmonies sourdes et mystérieuses. J'ai habité dans ce quartier pendant deux ans lors de mon arrivée à New York et je me suis longtemps demandé d'où provenaient ces sons. J'ai finalement appris qu'il s'agit d'une sculpture sonore dissimulée dans les conduits d'aération du métro en 1977 par l'artiste américain Max Neuhaus (décédé en 2009). Aucune plaque n'indique qu'elle s'y trouve ; il appartient donc aux passants de découvrir cette installation. Intitulée *Times Square*, l'œuvre crée une atmosphère méditative en plein cœur d'un des endroits les plus chaotiques de la planète.

166

Le Panthéon de Broadway

168 Situé en plein cœur du Theater District, **Sardi's** est étroitement lié au milieu du théâtre depuis les années 1920. C'est dans ce restaurant qu'est née l'idée de créer les Tony Awards, les «Oscars du théâtre». Les murs sont d'ailleurs couverts de caricatures d'acteurs. Le restaurant en possède près de 1200. Les œuvres originales sont conservées dans un coffre-fort et l'on accroche des reproductions dans la salle.

Melchiore Pio Vincenzo Sardi et Eugenia Pallera, deux immigrants italiens, se sont connus en débarquant à Ellis Island en 1907. Ils se sont mariés et ont ouvert un premier restaurant en 1921, puis le Sardi's en 1927. M. Sardi, un amoureux du théâtre, faisait toujours s'asseoir les acteurs sans emploi à côté d'une table où se retrouvaient des producteurs. Il avait aussi une ardoise spéciale pour les acteurs sans le sou. À sa mort en 2007, on a retrouvé plus de 600 comptes non payés. Un menu à rabais pour les acteurs existe toujours et les employés reçoivent des billets gratuits pour les comédies musicales de Broadway.

L'âge d'or de Sardi's remonte aux années 1960. Les soirs de première, l'ambiance dans la salle à manger, après la représentation, était en quelque sorte un baromètre indiquant le succès ou l'échec des pièces. Peu après minuit, les premiers exemplaires fraîchement imprimés du *New York Times* et du *New York Herald Tribune* étaient livrés au restaurant. Les convives lisaient les critiques sans tarder. Si elles étaient négatives, un grand silence s'abattait sur la salle. Si elles étaient positives, c'était le champagne pour tous.

Après toutes ces années, l'endroit n'a rien perdu de son âme. On peut être servi par un employé qui travaille là depuis 50 ans, ou être assis à côté du nonagénaire William Herz, qui y mange tous les mardis depuis 80 ans, à la table numéro 4. On lui sert son café dans la même vieille tasse blanche que l'on range au vestiaire jusqu'à son retour [234 W 44th St].

Bloody Mary et *old New York*

169 Pour prendre un verre dans une atmosphère très *old New York*, je vous recommande le **King Cole Bar** (A) de l'hôtel St. Regis. Marilyn Monroe, Joe DiMaggio, John Lennon et Salvador Dali étaient des habitués. C'est dans ce bar qu'a été inventé le Bloody Mary. Le barman parisien Fernand Petiot avait emporté sa recette à New York en 1934 et ç'a été un succès instantané auprès des clients. Comme le nom était trop vulgaire pour l'hôtel, le cocktail a été rebaptisé Red Snapper. C'est encore sa spécialité aujourd'hui. La murale *Old King Cole*, derrière le bar, est célèbre. Peinte par l'artiste Maxfield Parrish, on dit qu'elle cache un secret. Vous devrez amadouer les serveurs pour qu'ils vous révèlent de quoi il s'agit. Ne manquez pas, devant l'hôtel, la cabine des chasseurs et des voituriers. Elle a plus de 100 ans et ressemble à un sous-marin de cuivre [2 E 55th St].

Une autre option est le **Bar Room** du restaurant **21 Club**. L'établissement a ouvert ses portes en 1929, en pleine prohibition. Le bar clandestin avait un système de chute pour cacher les bouteilles d'alcool quand la police débarquait. Le bar est devenu avec les années le lieu de rencontre des présidents américains, bonzes de Wall Street, stars d'Hollywood et chefs d'antenne. J'adore le plafond où sont accrochés des jouets donnés par les clients fidèles au fil des ans. Les messieurs doivent porter un veston [21 W 52nd St].

169 A

Retour vers le New York des années folles

170 Assister à une représentation de *Queen of the Night*, c'est un peu comme se retrouver dans un film de Baz Luhrmann. Le temps d'une soirée dans ce qui était jadis le Diamond Horseshoe, un cabaret enfoui au sous-sol de l'hôtel Paramount, dans Midtown, on croirait que New York est de retour dans les années 1920.

Vaguement inspirée de l'opéra *La Flûte enchantée* de Mozart, *Queen of the Night* est une production de Randy Weiner, le génie derrière *Sleep No More*, un autre spectacle à succès qui se tient à New York depuis 2011 (voir raison n° 115).

C'est à la fois une pièce de théâtre immersive, une prestation d'opéra, de danse, de cirque et de magie; en plus d'être une expérience gastronomique. La moitié des 16 artistes est issue de la troupe québécoise Les 7 doigts de la main. La scénographe Christine Jones est aussi montréalaise.

Ce spectacle brise le «quatrième mur» entre spectateurs et acteurs. Ceux-ci viennent vous chercher par la main, vous font danser, vous embrassent dans le cou, vous entraînent dans des pièces secrètes. Le spectacle est très sexy, sans être vulgaire.

Le banquet qui accompagne le spectacle est gargantuesque. L'alcool coule à flots et le ballet des serveurs, paradant avec des plats de homards et de cochons de lait, est spectaculaire. Le billet coûte 125 $ et mieux vaut réserver sa place à l'avance [235 W 46th St].

171

La rue des diamants

171 On appelle 47th Street, entre 5th et 6th Avenues, le **Diamond District**. Sur ce tronçon de rue se bousculent environ 2000 joailliers. Même si vous n'êtes pas à la recherche d'une bague, il est fascinant d'aller observer ce spectacle typiquement new-yorkais. On dit que 90 % de tous les diamants qui arrivent aux États-Unis passent par 47th Street. Vous apercevrez peut-être Raffi Stepanian à quatre pattes sur le trottoir. Le résidant de Queens gagne sa vie en ramassant avec une pince à sourcils les fragments de diamants, rubis, chaînes ou boucles d'oreilles que les gens laissent tomber. Il dit récolter environ 500 $ par semaine.

Le paradis de l'électronique

172 Si vous avez besoin d'une nouvelle caméra ou d'équipements photo et vidéo, **B & H** est l'endroit fréquenté par les New-Yorkais depuis 40 ans. C'est le plus grand magasin indépendant d'électronique aux États-Unis et l'on y sert près de 5000 personnes par jour. Le processus d'achat est singulier : l'article choisi se promène dans un système élaboré de bacs et de tapis roulants, et on ne le récupère qu'à la sortie. Le propriétaire et la grande majorité des employés sont des juifs hassidiques ; le magasin ferme donc à 14 heures le vendredi. Le samedi, c'est shabbat [420 9th Ave].

Le Far West culinaire

173 **Gotham West Market** s'est établi en 2014 dans 11th Avenue, zone désertée de la ville qui sera complètement transformée d'ici quelques années, grâce au développement immobilier Hudson Yards. Ce *food hall* rassemble des kiosques de partout dans le monde, dont **Slurp Shop**, le bar de soupes ramen du réputé chef Ivan Orkin. Je vous recommande aussi le bar à tapas **El Colmado**, où l'on sert des vins de Catalogne, et **Court Street Grocers** pour ses sandwiches [600 11th Ave].

Don, le cireur de chaussures

174 Impossible de passer à l'angle de 47th Street et de 6th Avenue à Manhattan sans être interpellé par **Don Ward**, le cireur de chaussures de Midtown. Sa technique de vente? Une attitude qui mêle l'arrogance, l'improvisation et l'humour typiquement new-yorkais. «Monsieur, voulez-vous garder votre emploi? On ne dirait pas. Regardez vos chaussures!» «Crois-tu vraiment que tu peux avoir du succès dans la vie, jeune homme? Jette un coup d'œil à tes souliers. Ce sont les petits détails qui comptent!» «Hey, mec! Si tu aimes tes Doc Martens, Prouve-le-moi!»

La plupart des passants l'ignorent avant de regarder, gênés, leurs chaussures un peu plus loin. Parfois, la situation dégénère. Un client lui a déjà craché dessus, un autre lui a balancé sa mallette au visage. Mais, en général, la technique

fonctionne. Don cire jusqu'à 60 paires de chaussures par jour, 5 jours par semaine. En 22 ans de carrière, il a donc fait reluire près de 700 000 chaussures. Il dit qu'il s'arrêtera à un million.

Un jour, après avoir hurlé à un homme de regarder ses chaussures sales, celui-ci lui a répondu: «Regarde donc les tiennes!» Elles n'étaient pas plus propres que celles du passant. «Je me suis promis que ça ne m'arriverait plus jamais, me dit Don. Depuis lors, chaque matin avant de boire mon café, je cire mes souliers.»

Qu'il pleuve ou qu'il neige, Don Ward quitte sa maison du Bronx dès l'aurore pour aller installer son kiosque et ses deux chaises au même carrefour depuis 15 ans.

«Un jour, raconte Don, un homme m'a demandé quel avait été mon plus gros pourboire. Je lui ai répondu que c'était cent dollars. Il m'a dit "Tiens, voici cent un dollars, c'est moi, maintenant, ton plus gros pourboire".» Don est sans doute un des hommes les plus heureux de faire ce métier. «J'adore ce que je fais. Je souris tout le temps. J'aime la liberté. Je suis l'employé et le patron. Ce stand, ce n'est pas un piédestal, c'est mon outil de travail.»

Depuis que j'habite dans le sud de l'île, je ne le vois plus aussi souvent qu'avant, mais je remonte parfois en vélo 6th Avenue simplement pour entendre sa voix. Son énergie est contagieuse. Si jamais vous passez par là, dites-lui que «Merie» vous envoie.

Le vrai Kramer

175 Difficile de faire une chose plus typiquement new-yorkaise que d'aller prendre un café dans un *diner* avec le vrai Kramer.

Kenny Kramer est le New-Yorkais qui a inspiré le célèbre personnage de la série culte *Seinfeld*. La vie de Kramer, 71 ans en 2014, a bifurqué en 1977 quand il a emménagé dans une habitation à loyer modéré du quartier Hell's Kitchen, où il habite toujours. Il était loin de se douter que son voisin de palier, Larry David, cocréateur de *Seinfeld*, s'inspirerait de lui pour élaborer le personnage de Cosmo Kramer.

La ressemblance entre le vrai Kramer et le Kramer fictif est frappante, mais il y a tout de même une différence. « Je n'entre pas dans les pièces en coup de vent », dit l'homme aux longs cheveux gris d'un hippie qui n'aurait pas vieilli.

Kenny et Larry ont habité l'un en face de l'autre pendant six ans. Comme dans la série télé, leurs portes restaient ouvertes et ils passaient d'un appartement à l'autre. « Sauf que dans la vraie vie, dit Kenny, la bouffe était chez moi. » Depuis lors, les deux hommes sont restés amis.

Lorsque Jerry Seinfeld a contacté Larry David en 1988 avec son projet de série pour NBC, celui-ci a puisé directement dans son quotidien loufoque. « Par exemple, dit Kenny, nous avons réellement demandé au livreur chinois de nous aider à commander un onguent contre la calvitie. Comme dans la série, nous avons filmé le crâne de Larry pour pouvoir faire la comparaison plus tard. D'ailleurs, j'ai encore la cassette. Nous avons aussi été bannis du kiosque à fruits du coin de la rue. Tout ce qu'on voit dans la série est vrai. »

Larry David a demandé la permission à son voisin avant d'entreprendre le projet.

« J'ai dit oui, à la condition qu'ils m'engagent comme comédien. » Malheureusement, les dirigeants de NBC ont refusé et lui ont plutôt proposé un cachet. « Je ne peux pas révéler combien c'était, c'est confidentiel, mais ce n'était pas beaucoup », raconte Kenny.

Avec le recul, il admet que le choix de Michael Richards, pour jouer son rôle, était judicieux. « Je n'aurais jamais été aussi bon que lui. Il a ajouté une dimension très physique au personnage. »

Le public a découvert l'existence de Kenny à l'occasion de la publication d'un article dans *Rolling Stone* en 1991. « Un journaliste du *New York Post* s'est ensuite rendu à la bibliothèque pour éplucher les vieux annuaires téléphoniques des années soixante-dix, et il m'a retrouvé. »

Dans les années 1990, Kenny pouvait recevoir des milliers d'appels par semaine pour des entrevues, surtout après que le *New York Times* eut publié son numéro personnel, 1-800-KRAMERS, numéro dont il s'est servi volontiers comme d'un « aimant à femmes » dans les bars de New York.

Né dans le Bronx, Kenny se décrit comme un pur produit de la révolution psychédélique des années 1960. « Je suis vraiment bon pour ne rien faire. » Il a quitté l'école à 17 ans, a vendu des

« Je n'entre pas dans les pièces en coup de vent. »

magazines de porte en porte, a été batteur dans un groupe, *stand-up comic*, mais c'est en créant une ligne de bijoux disco lumineux qu'il a fait fortune. Une idée typiquement « kramerienne ».

En 1997, il a même été candidat à la mairie de New York. « J'avais des idées folles, comme donner des faux téléphones portables aux schizophrènes pour les empêcher d'effrayer les touristes quand ils parlent dans le vide. » Il a tout de même obtenu 1408 votes contre Michael Bloomberg et sa campagne de 78 millions de dollars.

Il y a 20 ans, Kenny s'est mis à proposer des visites guidées — The Kramer Reality Tour. Il faisait voir aux intéressés les lieux emblématiques de la télésérie. La réalité a rejoint la fiction.

Les cuisines de l'enfer

176 Je me tiens loin des restaurants de Times Square : la plupart sont des attrape-touristes et j'opte plutôt pour les restaurants de **Hell's Kitchen**, un quartier qui doit son nom à son passé d'ancien bastion de criminels.

Grâce à sa pizza napolitaine, **Don Antonio** est une institution dans Midtown. Le chef Antonio Starita est aussi propriétaire de l'une des plus anciennes et vénérées pizzerias de Naples, Starita, fondée en 1901. Le menu compte 60 variétés de pizzas. Essayez la Pizza del Papa (pizza du pape !) et celle au pesto de pistaches, saucisses italiennes et mozzarella. On y sert aussi des pizzas dont la pâte a été légèrement frite [309 W 50th St].

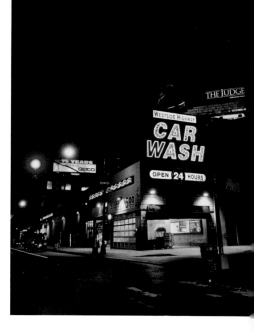

Pour une soupe ramen comme à Tokyo, je vais chez **Toto Ramen**, un petit comptoir de 10 places [366 W 52nd St]. Pour un repas sur le pouce, j'aime les dimsums de **Kung Fu Little Steamed Buns Ramen**. On peut observer le jeune chef chinois Peter Song qui fabrique les nouilles en dansant derrière la vitre [811 8th Ave].

Un autre secret bien gardé du quartier est le bar à vins et fromages **Kashkaval Garden**. On y sert des plateaux de viandes et fromages, une grande sélection de tapas, soupes, salades, fondues au fromage et vins peu coûteux [852 9th Ave].

Pour un lunch à emporter, j'aime faire un arrêt chez **Amy's Bread** pour les sandwiches [672 9th Ave], chez **Poseidon Greek Bakery** pour les baklavas et spanakopitas [629 9th Ave], et chez **Sullivan Street Bakery** pour les focaccias [533 W 47th].

Les soirs de spectacle, le restaurant thaïlandais **Room Service** est idéal pour son service très rapide. Ne vous laissez pas rebuter par le décor clinquant, très années 2000 [690 9th Ave].

Quand j'ai envie d'un repas sophistiqué à Times Square, je vais au **Lambs Club**, établi dans un ancien club de théâtre fréquenté autrefois par Fred Astaire et Charlie Chaplin. Dans ce décor Art déco, on se sent comme dans un de ces anciens *speakeasies* de Broadway. C'est aussi un bon endroit pour prendre un verre avant un spectacle [132 W 44th St].

Évitez à tout prix les restaurants de Little Italy et de Times Square. #onlyinNY

Riverside Park

177 Après votre repas, pourquoi ne pas aller vous promener sur la piste cyclable le long du fleuve Hudson ? Au nord de West 58th Street, le parc devient plus sauvage. Il y a des épaves de bateaux, des saules pleureurs, une marina à la hauteur de West 79th Street, des quais avec des chaises longues et une vue imprenable sur le pont George Washington. Bel endroit pour pique-niquer et échapper au brouhaha de la ville.

Le château de terracotta

178 Certains immeubles de Manhattan sont d'une beauté à couper le souffle. C'est le cas du **Alwyn Court**, un trésor de l'architecture new-yorkaise du début du XXe siècle. Classé monument historique depuis 1966, l'immeuble de rapports fait penser à un énorme gâteau de mariage en terracotta. Un chic restaurant de caviar s'est établi au rez-de-chaussée, le célèbre **Petrossian** [180 W 58th St].

N'ayez pas peur de la fumée blanche qui sort des trottoirs et des rues. C'est tout simplement de la vapeur d'eau qui s'échappe à cause d'une fissure dans une conduite souterraine. La plupart des conduites datent du début du XXe siècle et les bris sont fréquents. #onlyinNY

La Mecque des accessoires

179 Fifth Avenue compte parmi ses grands magasins **Henri Bendel**, fondé en 1895 par celui qui, le premier, importa aux États-Unis les créations de Coco Chanel. Le magasin, qui se concentre aujourd'hui uniquement sur les accessoires, est l'endroit idéal pour découvrir les nouvelles lignes de bijoux et les sacs du dernier cri, et pour essayer des produits de beauté et des parfums. Le magasin s'étend sur quatre étages. Ne manquez pas les *powder rooms* au sous-sol [712 5th Ave].

Si vous raffolez des chaussures, ne manquez pas l'impressionnant **Shoe Salon**, au deuxième étage du magasin **Bergdorf Goodman**, un coin de rue plus au nord. C'est le paradis des chaussures de designers. La plupart sont hors de prix, mais rien ne vous empêche de rêver [754 5th Ave].

Trinquer devant l'Empire State Building

180 Si vous voulez faire des photos de l'Empire State Building, un des plus beaux points de vue se trouve sur le toit de l'hôtel **Strand**. La terrasse du bar **Top of the Strand**, ouverte au public, est un bon endroit où s'arrêter pour un cocktail et une bouchée, le jour comme le soir [33 W 37th St].

La grille de métro de Marilyn Monroe

181 La fameuse grille au-dessus de laquelle se soulève la robe blanche de l'actrice légendaire, dans le film *The Seven Year Itch,* est située à l'angle de **Lexington Avenue** et **52nd Street**. Le réalisateur Billy Wilder avait placé un ventilateur sous la grille. Tournée un soir frisquet de septembre 1954, la scène avait attiré près de 1500 curieux et photographes. Certains disent qu'il s'agissait d'un moyen de promouvoir le film, puisque cette scène a été reprise en studio. Quoi qu'il en soit, les photos de Marilyn sur la grille de métro sont devenues des icônes de la culture américaine. Soixante ans plus tard, la bijouterie en arrière-plan a été remplacée par un bistro français. « Un jour, m'a raconté la patronne, un homme est venu se recueillir sur la grille. Il a eu besoin de mouchoirs tellement il pleurait.»

180

Si vous voulez consulter une carte ou votre téléphone sur le trottoir, ne vous arrêtez pas brusquement : c'est la meilleure façon de faire rager un New-Yorkais pressé. Rangez-vous plutôt le long des immeubles.
#onlyinNY

182

Le passage secret entre les avenues

182 La gare King's Cross de Londres a sa plateforme 9¾ et Manhattan, son avenue 6½. Il s'agit en fait d'un passage piétonnier qui relie 51th et 57th Streets, traversant une suite de galeries, atriums, couloirs et halls d'immeubles. Vous trouverez l'entrée sud entre 6th et 7th Avenues. La Ville de New York a même fait des panneaux de signalisation portant l'inscription « **6½ Av** ».

Le Manhattan de Woody Allen

183 Pour se sentir comme dans *Manhattan*, le film culte du célèbre cinéaste, asseyez-vous sur un banc du belvédère à l'extrémité est de **East 58th Street** (à l'angle de Riverview Terrace et de Sutton Square). La fameuse scène avec Woody Allen et Diane Keaton a été tournée à 4 heures du matin en août 1978. La Ville de New York avait accepté de laisser les lumières du pont Queensboro allumées pour le tournage.

Le casse-croûte dans l'hôtel chic

184 Caché derrière un épais rideau de velours dans le hall de l'hôtel Parker Meridien, **Burger Joint** est un authentique *greasy spoon*. Le casse-croûte sombre, aux murs de faux bois gribouillés de graffitis, propose d'excellents milk-shakes, frites et hamburgers. Il vous en coûtera à peine plus de 8 $ pour un hamburger ou un cheeseburger, une aubaine dans le quartier. L'entrée se trouve sous l'enseigne de néon en forme de… hamburger [119 W 56th St].

181 184

Apportez votre vin... au MoMA

186 Le **Museum of Modern Art**, un des plus grands musées de New York (mon préféré), possède aussi une des meilleures tables en ville. Voici un truc peu connu pour manger au Modern sans se ruiner : le dimanche, le restaurant permet aux clients d'apporter leur vin dans la section bar (pas plus de deux bouteilles par table). Mieux vaut le mentionner au moment de faire la réservation [9 W 53rd St]. Si vous visitez le musée l'été, il y a des concerts de jazz dans le jardin de sculptures [MoMA.org/summergarden].

185

Le roi des barmen new-yorkais

185 Doug Quinn est une légende à New York. Plusieurs le surnomment le « barman de vos rêves ». Le voir valser derrière son comptoir est un ravissement. Il prépare une douzaine de cocktails à la fois tout en gardant un œil sur la porte. Ce qui m'impressionne le plus, c'est sa mémoire phénoménale. Vous lui dites votre nom une fois et à votre prochaine visite il s'en souviendra. Il se rappellera aussi ce que vous buvez. Les habitués, qu'il appelle affectueusement « *sweet peach* », ont à peine franchi le seuil que leur verre les attend sur le comptoir. Toujours vêtu de couleurs pastel, il porte un nœud papillon différent chaque jour. Doug Quinn est aussi un incroyable entremetteur. Sa philosophie ? « Un bon barman peut te trouver un rendez-vous pour la soirée, un nouvel emploi et un nouvel appartement », dit-il. Après 10 ans passés chez P.J. Clarke's, il a ouvert son propre bar, **Hudson Malone** — ce sont les prénoms de ses deux fils [218 E 53rd St].

Le coucher de soleil entre les gratte-ciels

187 « **Manhattanhenge** » est un phénomène qui se produit à deux reprises chaque année, en mai et en juillet, quand le soleil couchant s'aligne parfaitement dans l'axe est-ouest du quadrillage des rues de Manhattan. Pendant quelques minutes, la ville est baignée d'une lumière dorée et le regard des New-Yorkais se tourne vers le fleuve Hudson. Ce sont des instants magiques.

C'est le populaire astrophysicien new-yorkais Neil deGrasse Tyson qui a forgé le terme « Manhattanhenge » en 2002, dérivé des noms Manhattan et Stonehenge, le célèbre monument mégalithique du sud de l'Angleterre. Pour prendre les meilleures photos, il suffit d'aller dans 14th, 23rd, 34th ou 42nd Streets juste avant le coucher du soleil. Succès garanti sur Instagram.

Un pan de l'histoire de l'Allemagne dans Midtown

188 Peu de gens le savent, mais on peut admirer cinq panneaux intacts du **mur de Berlin** sur une place publique située derrière l'immeuble de bureaux sis au 520 Madison Avenue (accès par East 53rd Street). La plupart des hommes d'affaires qui mangent devant le mur chaque midi ignorent son origine. C'est le propriétaire des lieux qui a acheté ces reliques en 1990 et les a fait transporter à grands frais jusqu'à New York. L'ancienne façade ouest du mur est couverte des graffitis des artistes allemands Thierry Noir et Kiddy Citny. Quant à la façade est, elle est dénuée de toute inscription, comme une allusion cinglante à l'ancien régime communiste de Berlin-Est. Au moment où j'écrivais ces lignes, l'œuvre avait été déposée pour restauration.

189

188

Escapades gourmandes à deux pas de Central Park

189 **The Plaza** est le seul hôtel de New York, avec le Waldorf Astoria, classé monument historique. Construit en 1907 pour détrôner le St. Regis, le Plaza avait coûté 12,5 millions de dollars à l'époque. L'inauguration de l'hôtel de style château néo-Renaissance avait marqué le début de la transformation de 5th Avenue en artère commerçante. Dire que le prix d'une chambre, à son ouverture, était de 2,50 $!

Pour profiter des installations du Plaza sans vous ruiner, visitez le *food hall* au sous-sol, où s'alignent plusieurs comptoirs de vins et fromages, yogourts glacés, sandwiches, macarons, gâteaux, pâtisseries, sushis et fruits de mer [1 W 59th St].

Si vous voulez vraiment vous gâter, on sert le thé à l'anglaise sous la verrière du **Palm Court** de l'hôtel. Cette salle me fait penser à l'intérieur du *Titanic*. La cérémonie coûte 65 $ par personne (menu « The New Yorker Tea »), thé, pâtisseries et petits sandwiches compris. Pour 105 $ (menu « Champagne Tea »), les sandwiches s'enrichissent de foie gras, saumon fumé, crabe, homard ou caviar d'esturgeon, et l'on vous sert un verre de Veuve Clicquot ou de Moët & Chandon.

Pour un bon repas à deux pas du Plaza et de Central Park, je recommande **Betony**, un restaurant gastronomique où le prix de la plupart des plats ne dépasse pas 40 $. Essayez la salade de homard et avocat, et le poulet rôti. Un délice [41 W 57th St].

Une journée dans les hauteurs de Manhattan

190 On me demande souvent quel est le plus beau point de vue sur New York, et je réponds sans hésiter : « **Top of the Rock**. » Fermé pendant 25 ans, l'observatoire du Rockefeller Center a rouvert en 2005 après des rénovations de 75 millions de dollars. Le ticket est à 29 $, mais ça vaut le coût, ne serait-ce que pour prendre des photos à couper le souffle de Manhattan.

Au 70ᵉ étage, la vue porte jusqu'à 130 kilomètres à la ronde et elle est totalement dégagée, contrairement à ce qu'on observe du haut de l'Empire State Building. Un conseil : allez-y tôt pour éviter la horde de touristes et les séances de photos de mariage. L'observatoire est ouvert de 8 heures à minuit, sept jours par semaine. Le ticket Sun & Stars, à 42 $,

permet de monter à l'observatoire deux fois la même journée, le jour et le soir. À la nuit tombée, le spectacle est encore plus impressionnant [30 Rockefeller Plaza].

Pour un brunch inoubliable, réservez une table au **Rainbow Room**, le légendaire restaurant de style Art déco avec sa piste de danse tournante, niché au 65ᵉ étage de la tour. Fondé en 1934, il a été le théâtre de fêtes fabuleuses. Ce fut le premier restaurant aménagé dans un gratte-ciel à New York. Ouvert les lundis soir pour des soupers avec orchestre (175 $ par personne) et les dimanches pour le brunch (95 $ par personne). L'immense buffet s'inspire des cuisines du monde entier. Mieux vaut réserver sa table (rainbowroom.com). Le *cocktail lounge* **Sixtyfive**, aussi au 65ᵉ étage, est ouvert du lundi au vendredi, de 17 heures à minuit [30 Rockefeller Plaza].

Le quartier de l'art contemporain

191 **Long Island City**, dans l'arrondissement Queens, est à une station de métro du Grand Central Terminal de Manhattan. Ce quartier regorge de galeries d'art contemporain et de trésors insoupçonnés. Je m'y rends habituellement pour voir les expositions de **PS1** (A), une branche du Museum of Modern Art (MoMA). Le musée est aménagé dans une ancienne école publique plus que centenaire [22-25 Jackson Ave]. Les expositions sont très avant-gardistes et tous les samedis de l'été la cour d'école se transforme en une immense piste de danse à ciel ouvert, où des D.J. animent la série Warm Up. On trouve aussi dans ce quartier un centre d'escalade intérieur de plus de 3000 mètres carrés, **The Cliffs** [11-11 44th Dr]. On peut se rendre à Long Island City en prenant les trains 7, E et M [station Court Square].

Des influences du Pied de Cochon à New York

192 Hugue Dufour et sa femme Sarah Obraitis ont fait de Long Island City une nouvelle destination gourmande. Depuis son arrivée en ville, le chef québécois s'est attiré les éloges de la presse new-yorkaise. Son restaurant, **M. Wells Dinette**, au décor inspiré d'une ancienne cafétéria d'école, se trouve dans le musée MoMa PS1 [22-25 Jackson Ave]. À quelques coins de rue de là, dans un ancien garage, le chef a aménagé un second restaurant, **M. Wells Steakhouse**, qui a reçu en octobre 2014 sa première étoile du *Guide Michelin*. À la manière du Pied de Cochon, où Hugue a travaillé avant de déménager à New York, ses plats sont copieux, surprenants, et il réinvente les classiques avec brio [43-15 Crescent St].

191A

195

Les jardins singuliers

193 Qui l'eût cru? New York, jungle de béton, est en train de devenir un leader de l'agriculture urbaine. L'immense potager de Brooklyn Grange est aménagé depuis 2010 sur le toit de deux entrepôts à Long Island City. Ouvert au public tous les samedis, de mai à octobre. On peut y acheter des produits frais ou assister à un banquet ou à un cours de yoga [37-18 Northern Blvd]. On peut y aller en métro, ligne M ou R, station 36 Street.

Non loin de là, vous pourrez visiter le jardin de sculptures du musée **Noguchi**, un espace si zen que vous aurez du mal à croire que vous êtes toujours à New York. Ce musée a été fondé par l'artiste américano-japonais Isamu Noguchi (1904–1988). Fermé les lundis et mardis [9-01 33rd Rd].

Festin grec

194 Après une visite au musée, rendez-vous dans un des meilleurs restaurants grecs de New York, **Taverna Kyclades** [33-07 Ditmars Blvd], dans le quartier Astoria, à 20 minutes de métro. Après un bon repas de poisson grillé et de pommes de terre au citron, savourez sa célèbre Galaktoboureko, dessert fait de pâte phyllo et de crème pâtissière. C'est le restaurant qui l'offre! On peut s'y rendre par les lignes de métro N ou Q, station Astoria–Ditmars Boulevard.

Pour l'amour du cinéma

195 Quelque peu éloigné des circuits touristiques, le **Museum of the Moving Image** est souvent oublié. Le musée se consacre entièrement à l'histoire, à l'esthétique et à la technique du cinéma, de la télévision, des jeux vidéo et des médias numériques. On y trouve une impressionnante collection de vieux téléviseurs et de caméras, et plusieurs pièces d'archives, comme la marionnette Yoda (*Star Wars*), le masque de Mme Doubtfire (*Mrs. Doubtfire*) et le célèbre costume que portait Diane Keaton dans *Annie Hall*. Le musée est situé dans les anciens studios Kaufman Astoria, où ont été tournés plusieurs films dans les années 1920, à l'époque du cinéma muet. Le musée a rouvert en 2011 après des rénovations de 67 millions de dollars [36-01 35th Ave]. Pour y aller en métro depuis Manhattan, prendre les trains N/Q [station 36 Avenue] ou R/M [station Steinway Street].

GUGGENHEIM MUSEUM

Upper East Side, Central Park

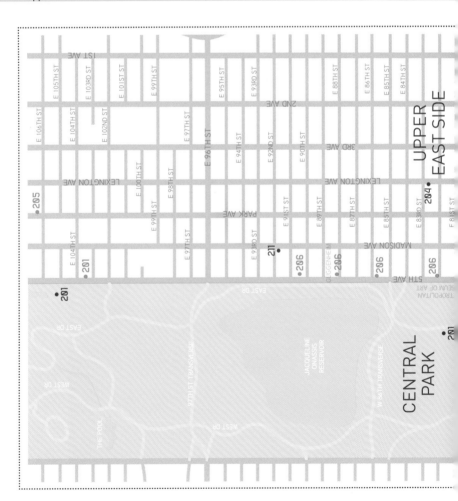

Les grands musées et le poumon de la ville

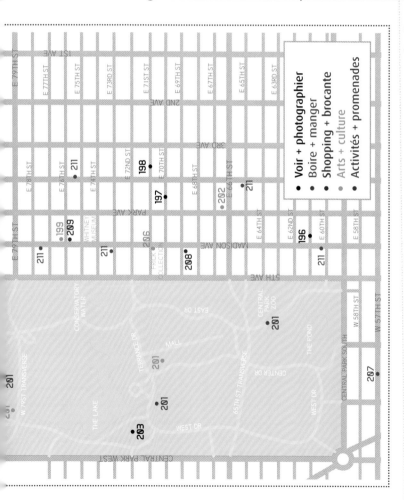

- **Voir + photographier**
- Boire + manger
- **Shopping + brocante**
- Arts + culture
- **Activités + promenades**

L'autre statue de la Liberté

196

Si vous voulez voir la **statue de la Liberté**, mais que vous n'avez pas envie de vous taper le bateau avec les hordes de touristes, sachez qu'une réplique exacte de la statue se trouve devant un immeuble de Madison Avenue. La statue de neuf pieds de haut a été fabriquée avec le moule original d'Auguste Bartholdi, le sculpteur français qui a conçu la vraie statue. Il existe seulement 12 de ces répliques dans le monde. Leonard Stern, le propriétaire de cet immeuble, a financé la production pour honorer son père, un immigrant arrivé à Ellis Island en 1926. Il avait pleuré en voyant la statue pour la première fois [667 Madison Ave].

La rue des multimillionnaires

197

Les plus belles maisons d'Upper East Side se trouvent dans 70th Street, entre Lexington et Park Avenue. Déjà en 1939, le magazine *Fortune* décrivait ce tronçon de rue comme le «**plus beau pâté de maisons de New York**». C'est d'ailleurs là que Woody Allen habite.

La maison d'Holly Golightly

198

Une rue au nord se trouve la maison du plus célèbre personnage incarné par Audrey Hepburn dans le film *Breakfast at Tiffany's*, **Holly Golightly**. Elle s'est vendue à près de 6 millions de dollars en 2012 [169 E 71st St].

Woody Allen, le clarinettiste

199

C'est la première sortie que je me suis payée à mon arrivée ici ; je voulais vivre une expérience typiquement new-yorkaise. Depuis plus de 15 ans, le célèbre cinéaste joue de la clarinette le lundi soir au **Café Carlyle**. Il entre par la porte du fond, s'installe toujours à la même table pour assembler son instrument, échange quelques mots avec son imprésario et monte ensuite sur scène, où il joue avec ses musiciens pendant une heure. Il ne regarde personne et ne sort pas de sa bulle. On a plutôt l'impression d'assister à une répétition avec son *garage band*. Cela dit, la soirée n'est pas bon marché. Seulement pour s'asseoir au bar, il faut payer des frais d'entrée de 110 $ et consommer pour un minimum de 25 $ [35 E 76th St].

Le parrain des paparazzis

200 Jackie Onassis l'a poursuivi en justice à deux reprises, Marlon Brando lui a fracassé la mâchoire, les gardes du corps de Richard Burton l'ont tabassé, ceux d'Elvis ont crevé les pneus de sa voiture et il a été banni à deux reprises de la boîte de nuit Studio 54.

Ron Galella a été le premier «bandit des images» aux États-Unis, le premier à photographier les stars loin des tapis rouges. C'est lui qui a lancé la chasse au cliché inédit. Sans lui, il n'y aurait pas de *TMZ*. Pas étonnant que *Vanity Fair* l'ait surnommé le «*Godfather of U.S. paparazzi culture*».

Galella fut d'abord photographe dans l'armée de l'air américaine pendant la guerre de Corée. Il a ensuite étudié le photojournalisme à Los Angeles avant de déménager à New York en 1958 avec son appareil Roloflex. «J'ai été forcé de devenir paparazzo pour me sortir de la pauvreté», raconte-t-il.

Aujourd'hui, colonnes blanches, fontaine et lapins de marbre gardent l'entrée de sa demeure de style néo-classique. On se croirait dans un épisode de The Sopranos. Juste devant les marches, les mains de Galella sont imprimées dans le béton, comme si l'on était sur Hollywood Boulevard. Dans son immense atrium aux murs tapissés de photos en noir et blanc, il trône parmi les grands : Lennon, Elvis, Taylor, Kennedy, Warhol, Newman, Jagger... Ils y sont tous.

«Une bonne photo montre une célébrité qui fait une chose banale», a dit Andy Warhol. C'est ainsi que Galella a fait fortune. «Nous avions beaucoup de choses en commun. Tout comme moi, Andy ne voulait rien manquer. Nous sortions tous les soirs. Il a dit que j'étais son photographe préféré. Il aurait voulu faire

comme moi, mais il était trop timide», raconte Galella, pendant que Betty, sa femme, écoute la télé dans la cuisine. Ils vivent ensemble depuis plus de 35 ans. C'est elle qui négocie la vente des photos.

La place de choix au-dessus du foyer a été réservée à sa photo la plus connue. «Je l'appelle *Jackie dans le vent*, elle a un sourire de Mona Lisa», m'explique Galella. On y voit Jackie Onassis, sourire énigmatique, qui traverse Madison Avenue, une mèche de cheveux lui barrant le visage. On a déjà dit qu'il avait gagné un million de dollars avec cette seule photo. Le cliché a été pris depuis un taxi.

«C'est probablement pour ça qu'elle a souri, elle ne savait pas que c'était moi», raconte Ron, qui a entretenu une relation plutôt tordue avec Jacqueline Kennedy, sa muse. «Elle était mon sujet préféré, elle a fait de moi un paparazzo parce qu'elle ne posait jamais.»

Il a tout fait pour traquer Jackie. Il s'est caché derrière les portemanteaux dans des restaurants et même dans les buissons de Central Park pour la surprendre en vélo avec ses enfants. «Détruis sa caméra», aurait un jour ordonné Jackie à son garde du corps. À deux reprises, elle a poursuivi le photographe devant les tribunaux. Le procès de 1972 a duré 26 jours, au terme duquel on a ordonné à Galella de ne pas s'approcher à moins de 25 pieds des Kennedy. Encore aujourd'hui, il ne peut photographier Caroline Kennedy. Il croit malgré tout que Jackie se plaisait dans ce rôle. «Elle était hypocrite, je crois qu'elle aimait être pourchassée. On m'a raconté que mon livre de photos d'elle était dans sa bibliothèque.»

Jackie n'est pas la seule star avec qui Galella a eu des démêlés. «Sinatra m'appelait "le *WOP*" [le sans-papiers].» Et Marlon Brando et lui étaient comme chien et chat. Un soir de juin 1973 dans

Chinatown, Brando, agacé d'être suivi, lui a fait signe de s'approcher. « Il m'a demandé ce que je voulais. Je lui ai répondu que je souhaitais prendre une photo de lui sans lunettes, et c'est alors que le coup de poing est parti. J'ai perdu cinq dents », raconte Galella en rigolant. Le litige s'est réglé à l'amiable et le photographe a empoché 40 000 $.

Un an plus tard, lorsque Galella a revu Brando lors d'un événement quelconque, il s'est présenté avec un casque de football sur la tête. La photo a fait le tour du monde. C'est ensuite devenu un gag récurrent chez les stars, qui faisaient mine de frapper le paparazzo.

Celui qui a déjà passé un week-end dans une manufacture infestée de rats pour prendre un cliché de Liz Taylor et Richard Burton sur leur yacht n'a plus la même fougue qu'à ses débuts. Ses vieux genoux l'empêchent désormais de courir les tapis rouges, mais il a toujours sa caméra au cou.

Au sous-sol de sa maison, quatre employés s'occupent de ses archives, trois millions de photos de stars qui s'empilent jusqu'au plafond dans des centaines de boîtes. Newman, Sinatra, Travolta et Minnelli occupent une pièce à eux seuls.

« C'était plus facile à l'époque, il n'y avait pas autant de gardes du corps et de relationnistes pour gêner votre travail. Aujourd'hui, c'est la cohue, il y a trop de photographes et c'est dangereux. »

Galella prend encore plaisir à développer ses photos dans une chambre noire et il se consacre à la publication de livres. Contemplant ses archives, il se remémore les bonnes années avec nostalgie : « C'était l'âge d'or du glamour. Les meilleures photos sont déjà dans mes archives. » Pour lui, la chasse est terminée.

Le poumon vert de New York

201

Central Park est la plus grande richesse des New-Yorkais. Le parc de 3,4 kilomètres carrés a été conçu en 1857 par l'architecte paysagiste à qui l'on doit aussi le parc du mont Royal à Montréal, Frederick Law Olmsted. L'été, un de mes plaisirs est de rassembler un groupe d'amis et quelques victuailles pour aller pique-niquer sur l'herbe au bord de l'étang Turtle Pond, où vivent d'énormes tortues. Avec le **Belvedere Castle** (A) à l'arrière-plan, on se croirait au cinéma. Le château néo-gothique, dont la construction a commencé en 1869, a été conçu comme un point de repère pour les visiteurs du parc. Depuis 1919, le service météorologique des États-Unis y prend toutes sortes de données, par exemple la température, les précipitations et la direction des vents. Le château est situé à la hauteur de 79th Street.

L'été, j'aime aussi m'asseoir à la terrasse du restaurant **Le Pain Quotidien**, juste à côté de Sheep's Meadow, pour observer les gens étendre leurs serviettes multicolores sur les pelouses. J'en profite pour parcourir l'allée centrale du zoo, juste pour voir le bassin des phoques.

En plein cœur du parc, près du jardin Shakespeare, il y a aussi un théâtre de marionnettes aménagé dans un vieux chalet suédois qui date de 1875. L'été, il y a des spectacles tous les jours pour les enfants. Le théâtre se trouve à la hauteur de 79th St et West Drive.

En avril et en mai, les cerisiers sont en fleurs à Central Park, c'est un spectacle magnifique. Le meilleur endroit pour les voir est sur East Drive, juste à côté du Metropolitan Museum of Art.

Pour vivre un moment de pure énergie new-yorkaise, je m'arrête pour observer les **Central Park Dance Skaters** (B), une association de danseurs en patins à roulettes. Ils se rassemblent tous les week-ends depuis les années 1970, d'avril à octobre. La plupart des participants sont très excentriques. L'un d'eux patine souvent avec des bouteilles d'eau en équilibre sur la tête. Entrez à la hauteur de 72nd Street et dirigez-vous vers le centre du parc, où résonne la musique house. Vous les repérerez facilement.

Le **Conservatory Garden** (C) est le seul jardin clôturé de Central Park. On peut y accéder par 5th Avenue à la hauteur de 105th Street. On a l'impression de découvrir un endroit privilégié. Il faut d'abord franchir les grandes grilles de fer forgé, Vanderbilt Gate, du nom d'une des familles les plus riches de Manhattan (la famille d'Anderson Cooper par sa mère), ancienne entrée du domaine des Vanderbilt dans les années 1930. Le jardin est divisé en trois parties aux styles français, italien et anglais. On y a célébré de nombreux mariages.

Profitez-en pour visiter le **Museum of the City of New York** qui se trouve de l'autre côté de 5th Avenue, hors de Central Park. On y présente des expositions sur l'histoire, la culture et l'architecture de New York. C'est un des musées qui vous en apprendra le plus sur la ville [1220 5th Ave].

201C

201A

201B

Voir une expo dans un ancien manège militaire

202

Le **Park Avenue Armory**, l'ancien quartier général du 7e Régiment de la garde nationale à l'époque de la guerre de Sécession, est un des espaces culturels les plus impressionnants de la ville. On y présente aujourd'hui des pièces de théâtre, des concerts et des installations immersives sonores et visuelles. L'espace, qui rappelle les gares européennes, fait plus de 5000 mètres carrés. Si vous voulez consulter le programme, visitez le site armoryonpark.org [643 Park Ave].

Le maire de Strawberry Fields

203

Drôle d'oiseau, ce **Gary Dos Santos**. Pendant une vingtaine d'années, ce sans-abri a été en quelque sorte le gardien de Strawberry Fields, le mémorial de John Lennon situé à quelques pas du Dakota Building, où le célèbre Beatle a été assassiné le 8 décembre 1980 et où Yoko Ono habite toujours. Chaque année, à la date anniversaire de la mort de Lennon, à 23 heures 15, celle-ci allume un lampion à la première fenêtre du 7e étage.

Après la mort de Lennon, Gary Dos Santos s'est mis à fréquenter Strawberry Fields et à déposer sur la mosaïque *Imagine* des fleurs, des cerises et des fraises que les épiceries lui donnaient. Un jour, j'ai eu la chance d'interviewer Dos Santos. Tout en désignant de l'index le banc public où il passait ses journées avec son labrador noir Mary Jane, il m'a dit : « Il y a quelques années, Lennon est venu me voir dans un rêve et m'a dit de continuer ce que je faisais, alors je viens ici tous les jours. J'en avais marre de ces guides à la con qui racontaient n'importe quoi aux touristes. » Il s'était donc proclamé gardien des lieux et parlait de Lennon à qui voulait bien prêter l'oreille. En 2009, le réalisateur Torre Catalano a tourné un documentaire sur Dos Santos, *The Mayor of Strawberry Fields*. Gary a même rencontré Yoko Ono.

Tous les 8 décembre, des milliers de personnes se rassemblent sur place pour honorer la mémoire de John Lennon, et Gary Dos Santos a longtemps orchestré cette immense messe hippie. « Le nombre de personnes varie chaque année, m'avait-il expliqué. Tout dépend du temps qu'il fait. » Gary parlait de Lennon comme de son « *brother* ». Il est mort de la leucémie en 2013.

Un milk-shake comme dans les années 1940

204 **Lexington Candy Shop** me fait penser à Lou's Cafe, dans le film *Retour vers le futur*. Vénérable institution du quartier, la luncheonette existe depuis 1925. Les lieux n'ont pas été rénovés depuis 1948 et l'on y sert encore les mêmes plats typiquement américains (milk-shakes, limonades, sodas, sundaes et burgers). Même le mélangeur à milk-shake date de 1940. Le restaurant, qu'on a pu apercevoir dans plusieurs films, appartient à la même famille depuis trois générations. Ne manquez pas la collection de vieilles bouteilles de Coca-Cola dans la vitrine [1226 Lexington Ave].

204

La galerie d'art à ciel ouvert

205 Dans East Harlem, on surnomme « *Graffiti Hall of Fame* » la cour du Jackie Robinson Educational Complex. Depuis les années 1980, l'école permet aux tagueurs locaux et internationaux de réaliser des graffitis sur ses murs extérieurs. Avec les années, l'endroit est devenu une véritable galerie d'art de la rue [E 106th St et Park Ave].

Plus de deux kilomètres plus au nord, à l'angle de 2nd Avenue et East 128th Street, on peut voir sur un terrain de sport la célèbre murale orange de Keith Haring, *Crack is Wack*. Réalisée en 1986, elle a été restaurée en 2007.

205

Célébrer les musées

206

En juin, chaque année depuis 1978, se tient le festival **Museum Mile** — c'est le surnom qu'on a donné au tronçon de 5th Avenue situé entre 82nd et 105th Streets, où l'on trouve une dizaine de musées. L'entrée est alors gratuite dans les neuf musées, on ferme 5th Avenue à la circulation automobile, les musiciens débarquent et les enfants dessinent sur la chaussée avec des craies de couleur. Vérifiez les dates de la fête sur le site museummilefestival.org.

Voici les cinq musées à ne pas manquer :

1- Le **Metropolitan Museum of Art** (A) est le plus grand et le plus prestigieux musée de New York. On peut y passer des jours sans tout voir. Ne manquez pas le Anna Wintour Costume Center, la galerie égyptienne, celle des armes et armures (certaines datent de 400 av. J.-C.), et celles des peintures européennes et américaines, où l'on peut voir les Picasso, Matisse, Miró, Sargent, Homer, Whistler, etc. Peu de gens le savent, mais le prix d'entrée (25 $ pour les adultes ; 17 $ pour les aînés ; 12 $ pour les étudiants) n'est donné qu'à titre indicatif. En fait, on

peut donner ce qu'on veut (ou ce qu'on peut). N'oubliez pas de visiter le jardin sur le toit, où il y a une installation différente chaque été. Les vendredis et samedis, dès 17 heures 30, on y trouve un bar à martinis [1000 5th Ave].

2- Entièrement consacré au design contemporain, le musée **Cooper Hewitt** est situé dans l'ancienne maison de l'industriel américain Andrew Carnegie, qui a fait construire la célèbre salle de spectacle Carnegie Hall en 1891 [2 E 91st St].

3- Autre musée aménagé dans l'ancienne résidence d'un riche industriel new-yorkais, **The Frick Collection** expose des œuvres d'artistes européens d'avant le XXe siècle. C'est un lieu à visiter, ne serait-ce que pour prendre la mesure de l'opulence dans laquelle vivaient certains New-Yorkais au XIXe siècle, dont Henry Clay Frick. La construction de ce petit palais, qui comprend deux magnifiques pistes de bowling au sous-sol (malheureusement fermées au public), a duré deux ans et coûté 5 millions de dollars (terrain compris), une somme énorme pour l'époque. M. Frick n'y aura cependant vécu que pendant cinq ans, puisqu'il est mort d'une crise cardiaque en 1919. Il avait formulé le souhait que sa maison devienne un musée après sa mort

206 B

et celle de son épouse. Le prix d'entrée est de 20 $ (aînés, 15 $; étudiants, 10 $), sauf de 11 heures à 13 heures le dimanche, alors que la contribution est à discrétion [1 E 70th St].

4- Chef-d'œuvre de Frank Lloyd Wright, l'architecture unique du musée **Guggenheim** (B) vole pratiquement la vedette aux œuvres d'art, ce qui lui a d'ailleurs valu des critiques lors de son ouverture en 1959. On raconte que sa structure hélicoïdale donne des maux de tête aux commissaires d'exposition. La meilleure façon de visiter les lieux est de commencer au sommet de la spirale et de descendre, tel que le souhaitait M. Wright. Le samedi, de 17 heures 45 à 19 heures 45, le prix d'entrée est à discrétion, mais pas gratuit. Ce jour-là, les derniers visiteurs sont admis à 19 heures 15 [1071 5th Ave].

5- Aménagé dans un manoir datant de 1914 où ont habité plusieurs membres de la haute-bourgeoisie new-yorkaise, dont les Vanderbilt, **Neue Galerie** (C) est un musée d'art allemand et autrichien du début du XXe siècle. Le restaurant du musée, **Café Sabarsky**, est incontournable. Inspiré des grands cafés viennois, l'établissement sert un excellent strudel aux pommes et présente souvent des concerts de musique classique. Entrée gratuite le premier vendredi du mois, de 18 heures à 20 heures [1048 5th Ave].

Cocktail avec vue

207 Pour prendre un verre en hauteur avec vue sur Central Park, **The Roof**, le bar sur le toit de l'hôtel Viceroy, est un des plus beaux endroits. Le décor, entièrement de bois, fait penser à l'intérieur d'un yacht luxueux. L'endroit est ouvert au public de 16 heures à 4 heures du matin, mais je vous recommande d'y aller au crépuscule pour prendre des photos des immeubles qui s'illuminent [124 W 57th St].

La garde-robe de Claire

208 **Fivestory** est une boutique de luxe spécialisée dans les créations de designers indépendants, un peu comme Colette à Paris. La boutique de cinq étages appartient à une jeune New-Yorkaise, Claire Distenfeld. Les vêtements sont assez chers; j'y vais surtout pour admirer les bijoux et le jardin de chaussures, et pour découvrir les créateurs de l'heure. On a l'impression de visiter le boudoir d'une amie riche qui a grandi dans Upper East Side. Contrairement aux boutiques de Madison Street, le personnel est chaleureux et sait vous mettre à l'aise [18 E 69th St].

La boutique où l'on trouve absolument tout

209 Entreprise familiale qui a pignon sur rue depuis 1950, **Zitomer** est plus qu'une simple pharmacie. On y vend de tout : cosmétiques européens, parfums rares, produits de la marque maison (Z New York), costumes, bijoux, diadèmes, perruques, vêtements haut de gamme pour enfants, jouets, et même vêtements pour animaux. L'endroit est kitsch à souhait, avec son décor des années 1970 et ses enseignes au néon. On se sent transporté à une autre époque et l'on en ressort avec des produits dont on n'avait pas besoin ! [969 Madison Ave]

209

Le regard de Bill

210

À New York, tout le monde veut se faire photographier par **Bill Cunningham**, un des premiers photographes de la mode de rue aux États-Unis. Dans l'industrie de la mode, il est aussi emblématique que l'Empire State Building.

Chaque semaine, Bill prend le pouls de Manhattan dans ses chroniques « *On The Street* » et « *Evening Hours* » dans le *New York Times*. L'âme du journal, c'est en partie lui. Il repère avant tout le monde les nouvelles tendances.

La rue, c'est le bureau de Bill Cunningham. Il travaille jour et nuit, beau temps, mauvais temps. Son fidèle appareil Nikon au cou, son sempiternel manteau bleu sur le dos, il saute sur son 29e vélo Schwinn (les 28 précédents ayant tous été volés...) et se dirige à l'angle de 5th Avenue et 57th Street. C'est son endroit de prédilection pour croquer les New-Yorkais stylés.

L'homme de 86 ans ne fait aucun compromis sur son art. Il aurait pu devenir riche, mais a plutôt fait un choix extrémiste : ne pas prendre d'argent pour ses photos. C'est la meilleure façon, selon lui, de rester droit et indépendant. Quand il couvre un événement, il refuse même qu'on lui offre un verre d'eau.

En 2010, le cinéaste Richard Press a réalisé un documentaire sur lui, *Bill Cunningham New York*. Pour la première fois, on y dévoilait des détails de la vie de l'énigmatique personnage, comme son minuscule appartement sans placards, ni cuisine, ni salle de bains privée.

Bill se contente de peu et vit entouré de classeurs et de boîtes de photos empilées jusqu'au plafond. À la sortie du film, il utilisait encore de la pellicule. Puisque le *New York Times* n'avait plus de laboratoire, il faisait développer ses photos dans une boutique de 43rd Street. Aujourd'hui, Bill travaille avec un appareil numérique.

Rien ne l'arrête malgré son âge. Je n'oublierai jamais le soir où je l'ai vu remonter 6th Avenue en vélo, en pleine tempête de neige, le corps protégé par un simple sac de plastique. En voilà un qui a compris qu'à New York, le spectacle est dans la rue.

Les gens parlent d'argent sans pudeur. Une personne rencontrée dans le métro peut très bien vous demander le coût de votre loyer. C'est tout à fait normal. Les New-Yorkais sont obsédés par l'immobilier. #onlyinNY

Les restaurants d'Upper East Side

211 The **East Pole** est un restaurant aménagé dans une Brownstone (les fameuses maisons de grès rouge de New York). Les murs sont tapissés de vieilles cartes géographiques et il y a une jolie terrasse derrière. À essayer : la soupe aux tomates avec *grilled cheese*, les croustilles aux truffes et parmesan, et le pâté de poisson au fenouil, estragon et homard [133 E 65th St].

Pour se mêler à la bourgeoisie d'Upper East Side ou pour apercevoir des célébrités ou des designers, **Sant Ambroeus**, un chic restaurant milanais, est l'endroit tout désigné. Il y a un espace café devant avec un comptoir de gelati. On y prépare de délicieux paninis à emporter [1000 Madison Ave].

Pour casser la croûte après la ronde des musées, je recommande **Yura on Madison**, un delicatessen qui propose plats à emporter, sandwiches, salades et cafés. Prenez place dans la vitrine ou sur un des bancs, dehors, et observez la faune d'Upper East Side [1292 Madison Ave].

Après une visite au Metropolitan Museum of Art, je m'arrête souvent chez **Via Quadronno**, un café milanais adorable fréquenté par les habitués du quartier et quelques touristes italiens. On sert des paninis à l'avant. Pour un repas complet, il y a une salle à manger derrière [25 E 73rd St].

Pour les amateurs de mode, ajoutez à votre liste le restaurant Freds, au 9e étage du grand magasin **Barneys**. Plusieurs éditrices de magazines vont y manger entre deux rendez-vous. Sofia Coppola, Barbara Walters ou Hillary Clinton pourraient très bien être à la table d'à côté. C'est ce qu'on appelle à New York le « *power lunch* ». C'est assez cher, par contre, et il vaut mieux réserver une table [660 Madison Ave].

Orsay, un restaurant français qui rappelle les grandes brasseries parisiennes avec son décor Art nouveau, est mon endroit de prédilection pour un long repas entre amis le week-end. Il y a un menu brunch à prix fixe, qui comprend viennoiseries, entrée et plat principal (29,50 $). Essayez le soufflé au fromage ou le tartare de saumon [1057 Lexington Ave].

La muse d'Andy Warhol

212 **Susan Blond**, muse d'Andy Warhol dans les années 1970, est une des relationnistes les plus connues de New York. Elle a partagé la piste de danse du Studio 54 avec Michael Jackson à l'époque de *Thriller* et elle a été la confidente de James Brown. Passer deux heures en sa compagnie, c'est plonger au cœur du New York intellectuel et branché des années 1970 et 1980.

Dans son chic bureau de Midtown, les murs sont ornés de peintures que Keith Haring, Andy Warhol et Jean-Michel Basquiat lui ont offertes. Des affiches signées par Mick Jagger ou Patty Smith, et une photo de Susan dans son premier costume Chanel pour le magazine *Vogue*, complètent le décor. « Le miracle, c'est qu'il me fasse encore, lance Susan dans un grand éclat de rire. James Brown et Michael Jackson adoraient ce costume. »

Née à New York dans une famille juive, Susan Blond a étudié la musique dans une école de Harlem, puis la peinture. Elle partageait les bancs d'école avec des camarades qui deviendraient des artistes, comme Julian Schnabel.

À la fin des années 1960, elle est entrée dans le cercle d'Andy Warhol et de la Factory. « La première fois que j'ai rencontré Andy, il m'a dit : "Susan Blond... J'aime ton nom, j'aime ta voix, tu seras dans tous mes films !" » C'est ainsi qu'elle est devenue une de ses muses. « Mon rôle le plus marquant, c'est celui de la femme qui jette un bébé par la fenêtre, dans *Bad*, le dernier film qu'Andy a produit. »

Susan affirme que Warhol adorerait notre époque où tout le monde prend des

photos avec son téléphone, où chacun tweete et blogue. « Il a été le premier à tout filmer et à tout photographier », dit-elle. Aujourd'hui, la fameuse citation de Warhol, « À l'avenir, chacun aura droit à quinze minutes de célébrité mondiale », résonne comme une prophétie.

Susan est devenue publiciste grâce à Warhol. Elle était de l'équipe lorsqu'il a fondé le magazine *Interview*. « Fréquenter Andy, c'était fabuleux. Auprès de lui, chacun se sentait comme une star. Tout le monde l'aimait, même les policiers. Quand on sortait des concerts à Madison Square Garden, ils dégageaient la rue pour qu'on puisse passer », se souvient-elle.

À la Factory, Susan a côtoyé les Paloma Picasso, Mick Jagger et Dennis Hopper de ce monde. « Les années soixante-dix étaient des années folles. Mais je ne prenais pas de drogue. J'étais déjà assez extravertie, de toute façon. Et Andy détestait la drogue. »

Elle se souvient de Warhol comme d'un homme très discipliné et plus traditionnel qu'on ne le pense. Il préférait les têtes brunes aux têtes peroxydées, et les manteaux Burberry aux blousons de cuir. « Il venait travailler même le samedi et allait régulièrement à l'église. Il avait choisi le plus petit bureau à la Factory. »

Dans les années 1980, Susan est devenue la première femme vice-présidente chez Epic Records. Elle a travaillé avec Tina Turner, Prince, Boy George, James Brown et Iggy Pop. « Nous gagnions énormément d'argent, c'était l'âge d'or de l'industrie du disque. Nous organisions des fêtes fabuleuses. »

Et Michael Jackson ? « Je l'emmenais au Studio 54 et chez Régine, et je lui disais "Viens danser, Michael". Il me répondait "Non, danser c'est travailler". Il était si perfectionniste ! » Susan a contribué au succès de l'album *Thriller*, le plus populaire de tous les temps. Savait-elle dès le début qu'il aurait une telle destinée ? « Oh oui, instantanément ! »

On la sent mélancolique quand elle parle de Michael Jackson. « Je l'adorais, il était comme un enfant, mais c'est aussi l'être le plus sophistiqué que j'ai connu. Il savait ce qu'il voulait. Je suis heureuse de ne pas avoir eu à le représenter vers la fin de sa vie, quand tout allait mal. »

Le quartier des bobos et des somptueuses demeures

Upper West Side

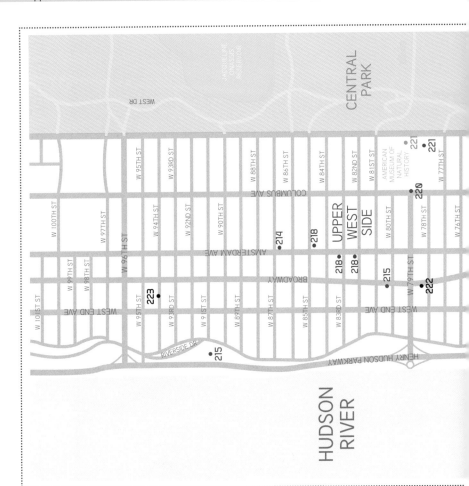

Le quartier des bobos et des somptueuses demeures

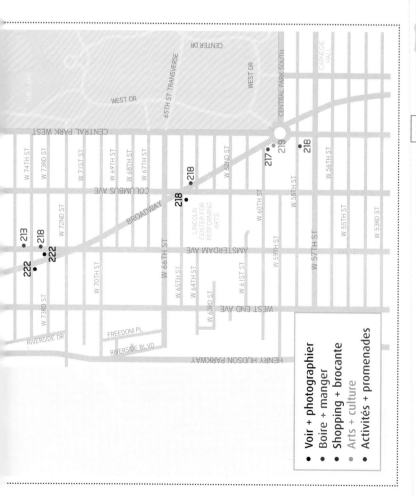

- ● **Voir + photographier**
- ● Boire + manger
- ● **Shopping + brocante**
- ● Arts + culture
- ● **Activités + promenades**

Levain Bakery

213

BARNEY GREENGRASS THE Sturgeon KING

214

Les biscuits de Pam et Connie

213 **Levain Bakery** est une petite boulangerie qui se spécialise dans les biscuits. L'entreprise a été fondée en 1994 par deux amies, Connie McDonald et Pam Weekes, qui ont abandonné leur carrière (respectivement dans la finance et dans la mode) pour confectionner les meilleurs biscuits de New York. Essayez celui aux brisures de chocolat et aux noix — énorme, il pèse près de 170 grammes. Les deux pâtissières font d'excellentes brioches aux raisins, mais seulement la fin de semaine. J'adore m'asseoir sur le banc devant le commerce pour observer le quotidien des habitants du quartier [167 W 74th St].

Le roi du poisson fumé

214 Si vous visitez Upper West Side, dirigez vos pas vers **Barney Greengrass**, une des rares institutions familiales encore en pleine activité à Manhattan, au même titre que Katz's Delicatessen ou Russ and Daughters. Ce deli, restaurant et *appetizing store* appartient à la famille Greengrass depuis plus de 105 ans. Ne ratez pas le sandwich à l'esturgeon fumé, fromage à la crème, oignons et tomates sur pain Bialy (sorte de bagel aux oignons, plus léger et sans trou, qui ressemble à un muffin anglais). Dans la section restaurant, on peut déguster des œufs brouillés au saumon fumé. J'aime cet endroit pour son décor figé dans le temps. On y a d'ailleurs tourné plusieurs scènes du film *Extremely Loud and Incredibly Close*, avec Tom Hanks et Sandra Bullock [541 Amsterdam Ave].

Le jardin méconnu

215 Pour un rendez-vous romantique (à l'exemple de Tom Hanks et Meg Ryan dans *You've Got Mail*), je vous recommande **Community Garden**, un jardin méconnu des touristes, à la hauteur de 91st Street dans Riverside Park. Cet endroit me fait penser au jardin Jeanne-d'Arc des plaines d'Abraham à Québec. Si vous voulez pique-niquer, faites des provisions de bagels, poisson fumé, olives et fromages chez Zabar's, une institution [2245 Broadway].

L'homme qui dessine New York

216 Depuis plus de 50 ans, New York sert de muse à **Bruce McCall**. L'artiste canadien est un des illustrateurs les plus connus aux États-Unis et une célébrité dans le monde des médias new-yorkais. C'est lui qui réalise, depuis 1979, les couvertures rétrofuturistes du magazine *The New Yorker* et les dessins de *Vanity Fair*.

J'admire le travail de McCall depuis longtemps. Je l'ai rencontré au café Luxembourg, son bureau secondaire, non loin de chez lui dans Upper West Side. L'hôtesse lui réserve toujours la même banquette. C'est là qu'il mangeait jadis avec son ami, l'écrivain montréalais Mordecai Richler. C'est aussi à cet endroit qu'il emmène ses amis, dont l'acteur Steve Martin, qui vient d'habitude à vélo.

McCall a quitté Toronto dans les années 1960. Après un bref séjour à Detroit, il a abouti à New York dans le milieu de la publicité, un monde qu'il décrit exactement comme celui dépeint dans la série *Mad Men*.

« Je me souviendrai toujours de mon deuxième jour au bureau. Mes patrons m'ont invité à dîner et ont commandé trois rondes de Manhattans (un cocktail fait de whisky, de vermouth et de *bitter*). C'était normal à l'époque et il en fut ainsi au cours des cinq années suivantes. On revenait au bureau à trois heures de l'après-midi, on faisait une sieste de deux heures et on rentrait à la maison. »

Vingt-cinq ans plus tard, Bruce a quitté ce monde pour devenir illustrateur. Le magazine humoristique *National*

217

Lampoon lui a donné sa première chance.

En 1979, il a finalement trouvé le courage de contacter *The New Yorker*. «J'étais effrayé, parce que j'ai toujours souffert du syndrome de l'imposteur. Je n'ai jamais terminé l'école secondaire, je ne suis pas un intello et je suis un étranger. Ils m'ont plutôt dit: "Où étiez-vous pendant toutes ces années?" » Voilà bien la preuve qu'à New York, il faut oser. «Même après toutes ces années, je suis resté un *outsider*, et c'est ce qui me permet de toujours poser un regard neuf sur la ville et de déceler les absurdités du quotidien.» Le style de McCall est unique. «Je fais la même chose depuis que j'ai huit ans. Mon style a très peu changé, c'est tout ce que je sais faire.» Il utilise encore de la gouache.

Son imagination débordante provient des magazines des années 1950 aux publicités futuristes complètement insensées. On y voyait des voitures volantes, des dirigeables, des tunnels vers la Chine et des médicaments miracles. «Ce fut aussi ma façon de m'évader durant mon enfance. Je me plongeais dans ces magazines pour oublier ma vie familiale, ma mère alcoolique et mon père tyrannique.»

Depuis lors, McCall a développé son propre lexique pour décrire ses illustrations — il parle volontiers de «fausse nostalgie», d'«exagération hyperbolique», d'«absurdité urbaine» et de «techno-archéologie».

Cet homme qui puise son inspiration dans notre obsession du progrès se qualifie lui-même de «dinosaure». Il n'a pas de téléphone cellulaire. «Je ne comprends même pas la différence entre un PC et un Mac.»

Brunch cinq étoiles dans les nuages

217 Un brunch chez **Asiate**, dans l'hôtel Mandarin Oriental, est une expérience unique. Niché au 35e étage avec vue imprenable sur Central Park à travers les baies vitrées, c'est un restaurant pour les grandes occasions. Le brunch dégustation coûte 64 $. Si vous souhaitez impressionner ou gâter quelqu'un, c'est l'endroit où réserver une table. À la fin du repas, on vous invite à remplir une petite boîte de chocolats en souvenir de votre visite [80 Columbus Circle].

Les restaurants bourgeois-bohèmes

218 Avant un spectacle au Lincoln Center ou une comédie musicale sur Broadway, je vais habituellement manger au **Blue Ribbon Sushi Bar & Grill**, un endroit chaleureux et quelque peu méconnu, puisqu'il est caché dans l'hôtel 6 Columbus. Essayez le rouleau au crabe épicé et feuille de shiso, et l'entrée Hamachi Tataki — tartare de poisson avec œuf de caille [308 W 58th St].

Autre possibilité avant un spectacle : **Boulud Sud**, un des nombreux restaurants new-yorkais (celui-ci d'inspiration méditerranéenne) du chef français Daniel Boulud. Le menu à prix fixe *pre-theatre*, à 60 $, comprend une entrée, un plat principal et un dessert [20 W 64th St].

De l'autre côté de la rue, sur la plaza du Lincoln Center, le toit vert au-dessus du pavillon **Hypar** (A) vaut le détour. Vous pouvez y accéder par West 65th Street, juste à l'ouest de Broadway.

Les amateurs de charcuterie iront chez **Salumeria Rosi Parmacotto**, la référence dans Upper West Side. Ce petit restaurant italien de 32 places est un des favoris du chef Anthony Bourdain. Le chef Cesare Casella ramène du jambon de Parme (*prosciutto di Parma*) de ses voyages en Émilie-Romagne. Commandez le plateau de salami et fromages et la lasagne [283 Amsterdam Ave].

Chez **Cafe Lalo** (B), spécialisé dans les desserts, on propose 100 types de tartes, gâteaux et pâtisseries. J'aime l'ambiance animée de cet endroit au décor pseudo-européen. Le brunch, servi jusqu'à 16 heures, coûte de 5 $ à 20 $. J'aime bien y aller tard le soir en sortant du cinéma ou du théâtre. Le restaurant ferme à 2 heures du matin, mais à 4 heures les vendredis et samedis [201 W 83rd St].

218A

218B

Pour un équivalent plus santé, **Peacefood Cafe**, juste à côté, sert d'excellents desserts végétaliens et smoothies [460 Amsterdam Ave].

Aux amateurs de cornichons, bières artisanales et plats réconfortants, je recommande **Jacob's Pickles**, un restaurant qui s'inspire des traditions culinaires du sud des États-Unis. Le propriétaire, Jacob Hadjigeorgis, est reconnu pour son sandwich de poulet frit sur « biscuits ». Chez Jacob, tout est fait maison, des cornichons aux confitures. Il prépare huit sortes de conserves de légumes en saumure que l'on peut se procurer sur place. C'est un endroit prisé autant le jour pour le brunch que le soir pour sa grande sélection de cocktails (essayez le Bloody B.L.T.) et ses 26 bières artisanales américaines [509 Amsterdam Ave].

Jazz avec vue sur Central Park

219 **Jazz at Lincoln Center** est une de mes salles de concert préférées, et de loin celle d'où la vue est la plus belle. On y présente plusieurs concerts par semaine, que ce soit un hommage à George Gershwin ou un concert d'étudiants de la prestigieuse école Juilliard. Entièrement consacré à la musique jazz, le complexe comprend trois salles (Rose Theater, Appel Room et Dizzy's Club) qui surplombent Columbus Circle et Central Park. L'entrée se trouve au Time Warner Center [33 W 60th St]. On peut se procurer des billets à l'adresse suivante : jazzatlincolncenter.org.

Danser au planétarium

220 À côté du muséum, sous un immense cube de verre, se trouve le **Rose Center for Earth and Space**. Le planétarium présente un film en 3D sur le Big Bang et le cosmos. Si vous avez vu *Manhattan* de Woody Allen, vous reconnaîtrez les lieux : Isaac et Mary s'y réfugient pendant un orage. Depuis 2007, le muséum organise les populaires partys One Step Beyond, avec différents DJ, dans le hall des planètes. On peut acheter des billets à l'avance (amnh.org/tickets) ou à la porte [Weston Pavilion, Columbus Ave et 79th St].

Montez dans un taxi et dites ensuite votre destination au chauffeur. Ne faites jamais l'inverse, sinon le taxi pourrait vous filer sous le nez. Les taxis new-yorkais n'ont pas le droit de choisir les clients selon leur destination, mais cela peut arriver. #onlyinNY

Une nuit au musée

221 L'**American Museum of Natural History** est probablement le seul musée de New York aussi intéressant pour les enfants que pour les adultes. Le muséum est surtout célèbre pour sa baleine bleue, grandeur nature, suspendue dans le hall de la vie marine. Les collections rassemblent plus de 30 millions de spécimens (insectes, fossiles, mammifères et pierres précieuses). Ne manquez pas, dans le hall des pierres précieuses, le Star of India, un saphir bleu de 563 carats, vieux de deux milliards d'années. On demande 22 $ pour un ticket, mais c'est à discrétion [Central Park W et 79th St].

Une activité à prévoir d'avance est la « soirée pyjama » (*sleepovers*) pour les jeunes de 6 à 13 ans (accompagnés d'au moins un parent). L'événement, qui se déroule deux fois par mois l'été, est inspiré du film *Night at the Museum*. Après une série d'activités dans le musée, les enfants s'endorment dans des sacs de couchage, sous la baleine bleue ou dans le hall des dinosaures. Un goûter est servi le soir et un petit déjeuner le lendemain matin. On peut seulement réserver par téléphone (212-769-5200) et les billets coûtent 145 $ par personne.

Quand New York ressemble à Paris et à Florence

222

Plusieurs immeubles résidentiels d'Upper West Side rappellent l'architecture haussmannienne de Paris, par exemple l'**Ansonia** (A) [2109 Broadway], une ancienne résidence hôtelière convertie en condos en 1992, œuvre de l'architecte français Paul-Émile Duboy. Construit de 1899 à 1904, ce fut le premier hôtel doté d'air climatisé à New York. Plusieurs personnalités y ont séjourné, dont le joueur de baseball Babe Ruth. Les musiciens comme Stravinsky étaient séduits par l'épaisseur des murs. Il y avait autrefois une ferme sur le toit, où vivaient plusieurs animaux, poulets, canards, et même un ours apprivoisé. Chaque matin, un employé livrait des œufs frais à chaque locataire. C'est un de ces immeubles qui font rêver au New York d'une époque révolue.

L'**Apple Bank**, de l'autre côté de la rue [2100 Broadway], date de 1926. Entrez pour contempler le plafond de 20 mètres et l'architecture inspirée d'un palais florentin.

L'**Apthorp** [2211 Broadway] (B) est un immeuble résidentiel historique, calqué sur le palais Pitti de Florence. La scénariste Nora Ephron y a habité pendant 10 ans, ainsi que des stars comme Cyndi Lauper et Al Pacino. Hélas, l'immeuble a perdu un peu de son âme ces dernières années à cause de nombreux travaux. Le complexe résidentiel, qui occupe tout un pâté de maisons, a été inauguré en 1908 par la famille Astor. Il a servi de décor dans plusieurs films, dont *The Cotton Club* de Francis Ford Coppola. Demandez la permission au gardien d'aller voir la cour intérieure : c'est un endroit unique.

222A

223

Un village
en pleine ville

222 B

223 Je me souviens encore du plaisir que j'ai ressenti quand j'ai découvert ce trésor caché en plein cœur de Manhattan. **Pomander Walk** est un passage piétonnier de style anglais situé entre W 94th et W 95th Streets, à l'ouest de Broadway. Le complexe de 16 maisons de style Tudor date de 1922. Plusieurs familles y vivent aujourd'hui comme dans un décor de cinéma. Les maisons aux volets décorés sont peintes en rouge, vert ou bleu, et elles possèdent toutes un jardin miniature. J'ai réussi à visiter les lieux après avoir attendu patiemment devant un des portails de fer. À un moment donné, un résidant m'a laissée entrer pour que je prenne des photos. Certains le font pour les curieux, soyez patient. L'endroit a longtemps été menacé de destruction à cause de la valeur des terrains, mais Pomander Walk a été classé monument historique en 1982.

Comfort food sur fond de jazz

Morningside Heights, Harlem, Inwood

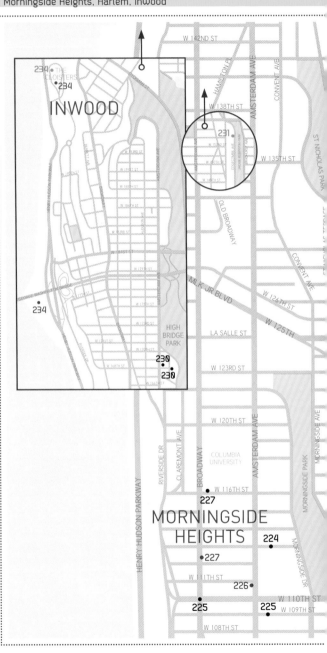

INWOOD

234 ● THE CLOISTERS
● 234

● 231

W 142ND ST
W 138TH ST
W 135TH ST
W 126TH ST
W 125TH

HAMILTON PL
AMSTERDAM AVE
CONVENT AVE
ST NICHOLAS PARK
CONVENT AVE

OLD BROADWAY

MLK JR BLVD

● 234

HIGH
BRIDGE
PARK

LA SALLE ST

● 230
● 230

W 123RD ST

W 120TH ST

RIVERSIDE DR
CLAREMONT AVE
BROADWAY
AMSTERDAM AVE
MORNINGSIDE AVE
MORNINGSIDE PARK

HENRY HUDSON PARKWAY

COLUMBIA
UNIVERSITY

● W 116TH ST
227

MORNINGSIDE
HEIGHTS

● 224

● 227

W 111TH ST

226 ●

MORNINGSIDE DR

● 225

● 225   W 110TH ST
W 109TH ST

W 108TH ST

- Voir + photographier
- Boire + manger
- Shopping + brocante
- Arts + culture
- Activités + promenades

HARLEM

La cathédrale inachevée

224

Tout comme Barcelone et sa Sagrada Família, New York a sa cathédrale inachevée, plus de 120 ans après le commencement de la construction. **Saint John the Divine** est le siège du diocèse de New York, un des 100 diocèses de l'Église épiscopale aux États-Unis. Les travaux ont débuté en 1892, mais sont arrêtés depuis plus de 20 ans.

On dit que Saint John the Divine est la plus grande cathédrale du monde. Elle est si haute que la statue de la Liberté (sans son piédestal) pourrait tenir debout sous le dôme central; et si longue que l'on pourrait y aménager deux terrains de football.

La cathédrale sert aussi d'espace d'exposition et de création pour des artistes en résidence depuis les années 1970, dont Philippe Petit, le célèbre funambule français qui a marché sur un fil de fer entre les tours du World Trade Center en 1974 (voir raison n° 3). On peut voir dans la chapelle une sculpture de Keith Haring, *The Life of Christ*, sa seule œuvre religieuse, réalisée quelques mois avant sa mort.

Les jardins qui entourent la cathédrale sont habités par trois paons en liberté : Jim, Harry et Phil. Ce dernier, qui est albinos, a même son propre compte Twitter (@CathedralPhil). L'église possède aussi une ruche et produit son propre miel, le Divine Honey.

Au printemps, les cyclistes viennent faire bénir leur vélo avant la saison estivale (theblessingofthebikes.com). C'est un paroissien qui a proposé cette idée il y a plus de 15 ans. Lors de la brève cérémonie, des centaines de cyclistes en cuissards entrent dans la cathédrale avec les vélos et le révérend les asperge d'eau bénite. Spectacle étonnant [1047 Amsterdam Ave].

Les débuts d'Obama à New York

225

Broadway, à l'angle de West 110th Street. C'est là qu'**Obama** est sorti de la bouche de métro avec sa valise un soir d'août 1981. Il avait 20 ans et arrivait de Los Angeles pour étudier à l'université Columbia. Sa première nuit est digne d'un scénario de film à la *After Hours* de Scorsese. Lorsqu'il s'est présenté à la porte de l'immeuble où il devait habiter [142 W 109th St], il n'y avait personne. Sans argent pour se payer une chambre d'hôtel, il a décidé de passer la nuit dans la ruelle voisine. Le lendemain, il s'est lavé à même une borne d'incendie, à côté d'un itinérant. C'est une image plutôt romantique, surtout quand on sait quel destin l'attendait.

On sait peu de choses des quatre années d'Obama à New York. Il est peu loquace sur ce chapitre de sa vie et ne fait qu'effleurer le sujet dans son autobiographie *Dreams from My Father*. Ces années sont pourtant cruciales, puisque c'est ici qu'il est devenu activiste politique. « Il voulait être écrivain à l'époque », se souvient Phil Boerner, son ancien colocataire.

Leur appartement était bien loin du confort de la Maison Blanche. « La sonnette ne fonctionnait pas et l'appartement d'en face avait été incendié. C'était très exigu, il n'y avait pas de douche, seulement une baignoire, et pas de porte aux chambres », raconte Boerner, qui habite aujourd'hui en Californie. « Nous avions du chauffage par intermittence, nous devions étudier dans nos sacs de couchage. Comme nous avions rarement de l'eau chaude, nous prenions souvent notre douche au gymnase de Columbia. » Le loyer était de 360 $ par mois à l'époque, l'équivalent de 2000 $ aujourd'hui.

227 B

Le café des écrivains

226 Depuis les années 1950, **Hungarian Pastry Shop** est le café favori des écrivains de Morningside Heights et des étudiants de l'université Columbia. Commandez un cappuccino et un strudel aux cerises et installez-vous à une table avec un bon livre. C'est un des rares cafés sans Wi-Fi et c'est justement ce qui fait son charme [1030 Amsterdam Ave].

La cantine de Seinfeld

227 **Tom's Restaurant** (A) est une institution du quartier Morningside Heights depuis les années 1940. L'établissement familial est devenu célèbre dans les années 1990 grâce à la série *Seinfeld*: on voit l'enseigne au néon rouge dans presque tous les épisodes. Par contre, les scènes intérieures ont été tournées en studio. Jerry Seinfeld, qui habite Upper West Side, y va encore de temps en temps. C'est aussi là que Barack Obama déjeunait avant ses cours à Columbia dans les années 1980.

Aujourd'hui, le jour, on peut discuter avec de vieux professeurs de philosophie assis au comptoir devant une tasse de café. La nuit, ce sont les étudiants de l'université qui envahissent les lieux pour un milk-shake et des frites [2880 Broadway].

Tant qu'à être dans le quartier, faites un détour par le **campus de Columbia** (B), la plus vieille université de l'État de New York, fondée en 1754. Une des entrées se trouve sur Broadway, à la hauteur de West 116th Street.

227 A

228 A 229

Les messes gospel

228
C'est dimanche matin à New York et vous voulez vivre une expérience unique. Sautez dans le métro, direction Harlem, pour assister à une messe gospel. Voici quelques endroits où l'on accueille volontiers les touristes:

1. **Mother African Methodist Episcopal Zion Church** (A). Le service religieux débute à 11 heures [140 W 137th St].
2. L'**Abyssinian Baptist Church** possède une des meilleures chorales. Arrivez vers 9 heures 30 pour avoir de la place, les bancs se remplissent vite [132 W 138th St].
3. La petite église **New Mount Zion Baptist Church** est une des plus populaires depuis plus de 80 ans. Elle déborde d'énergie et il y a de la musique tout le service durant [171 W 140th St].
4. La chorale de **Mount Neboh Baptist Church** est une des favorites des gens du quartier pour son interprétation de *Oh Happy Day* [1883 7th Ave].

Si vous ne voulez pas faire la queue ou si vous n'osez pas entrer dans ces églises, l'organisme Harlem Heritage organise des visites guidées du quartier et des églises gospel (harlemheritage.com).

Le restaurant où la musique ne s'arrête jamais

229
Red Rooster, le restaurant du chef Marcus Samuelsson, est une destination prisée depuis son ouverture à la fin de 2010, attirant la faune de *downtown* jusque dans Harlem. La clientèle du Red Rooster est la plus diversifiée que j'aie vue à New York. La salle de spectacle au sous-sol se transforme en piste de danse vers 22 heures, avec DJ house et hip hop. Les dimanches, le brunch avec musique gospel est très populaire. Essayez la salade César, le pain de maïs, le Dirty Rice & Shrimp, le Mac & Greens et le Oxtail Pappardelle. Le moyen le plus rapide de s'y rendre est le métro, lignes 2 ou 3. Le restaurant se trouve juste à côté de la sortie de la station 125 Street [310 Lenox Ave].

230

231

Un dimanche après-midi chez Marjorie

231 Depuis une vingtaine d'années, de 16 heures à 18 heures tous les dimanches, **Marjorie Eliot** ouvre les portes de son appartement aux étrangers qui veulent entendre du jazz. Elle pousse les meubles et dispose des chaises avec coussins dans son salon, sa cuisine et le corridor. Elle allume des chandelles parfumées, prépare plateaux de biscuits et verres de jus.

Vers 15 heures 30, les premiers invités se présentent à la porte de l'appartement 3-F, aux murs tapissés de photos de Martin Luther King et de Barack Obama. Le groupe est éclectique : de vieux amis du quartier, des étudiants et quelques touristes.

À 16 heures précises, le concert commence. Il y a Bob Cunningham, vieux loup du jazz à la contrebasse, Sedric Shukroon au saxophone, et le fils de Marjorie, Rudel Drears, chante. Marjorie, elle, prend place au piano devant une photo de son fils Philip, décédé d'insuffisance rénale un dimanche de 1992.

Ce concert, qu'elle offre gratuitement au public 52 dimanches par année, vise à célébrer la mémoire de Phil, mais aussi celle de son autre fils, Michael, mort en 2006 d'une méningite. En février 2011, son fils Shaun, qui souffre de maladie mentale, a disparu. On l'a retrouvé 33 jours plus tard dans un hôpital de Harlem.

« Voilà la façon que j'ai trouvée de transformer ma tristesse en expérience joyeuse », dit Marjorie. Cette femme est une force de la nature. Il y a une jarre pour les dons à la sortie [555 Edgecombe Ave, appartement 3-F ; ligne C du métro, station 163 Street].

La plus vieille maison de New York

230 À quelques coins de rue de chez Marjorie (voir raison 231) se trouve la plus vieille résidence de Manhattan, **Morris-Jumel Mansion**, une grande maison blanche dotée de colonnes de style palladien, construite en 1765. George Washington y a séjourné en 1776, pendant la guerre d'indépendance. La Ville de New York a racheté la maison en 1903 et y a logé un musée consacré à la période révolutionnaire. Les meubles sont d'époque [65 Jumel Ter].

Encore plus étonnante est l'étroite rue pavée qui fait face à la résidence. Sylvan Terrace est bordée de 20 maisons de bois à deux étages, qu'on a pu voir dans la première saison de la série *Boardwalk Empire*. Elles datent de 1882 et abritaient à l'époque des familles de la classe moyenne. Encore en parfait état, elles se vendent aujourd'hui près d'un million de dollars chacune. Un escalier relie ce cul-de-sac à Saint Nicholas Avenue, un peu au nord de West 160th Street. La station de métro 163 Street (ligne C) est à quelques pas.

232A 232C   232B

Bouffe réconfortante

232

Le menu de la brasserie **The Cecil** (A) s'inspire des cuisines d'Asie, du sud des États-Unis et des Caraïbes. Allez-y le samedi, de 14 heures à 18 heures, pour DJ Brunch, au rythme qui flirte avec les musiques du monde, le soul et le jazz. Les cocktails coûtent 14 $ et le menu est éclectique : gaufres au confit de canard, salade de homard, macaroni au fromage [210 W 118th St].

À la porte d'à côté se trouve le chic **Minton's** (B), un club de jazz légendaire des années 1930, récemment converti en restaurant. Des musiciens sont présents chaque soir durant le repas. Après 23 heures, les lieux se transforment en boîte de nuit. Couvert de 10 $ au bar du jeudi au dimanche (15 $ le mercredi) et de 20 $ à table (25 $ le mercredi). Il est à noter qu'on doit respecter un code vestimentaire [206 W 118th St].

Pour une expérience *diner* rétro comme dans les années 1950, destination **Harlem Shake** (C). Hamburgers, sandwiches au poulet frit et milk-shakes sont les stars du menu, mais il y a aussi des options végétaliennes et un menu pour enfants. On peut s'installer sur la grande terrasse [100 W 124th St].

Dans Harlem, Sylvia Woods était la reine du *soul food* depuis l'ouverture de son restaurant **Sylvia's** (D) en 1962. Lorsqu'elle est décédée en 2012 à l'âge de 86 ans, le quartier était en deuil et son nom a été affiché sur la marquise du Apollo Theater pendant plusieurs jours. Son restaurant est toujours aussi populaire aujourd'hui et fréquenté par plusieurs politiciens qui veulent prendre le pouls de la population. Barack Obama et Caroline Kennedy sont des habitués. Mieux vaut y aller la semaine : le week-end, les clients attendent par dizaines à l'extérieur [328 Malcolm X Blvd].

Une autre institution pour le *comford food* est **Melba's**. La chaleureuse propriétaire Melba Wilson est surtout connue pour sa recette de poulet frit sur gaufres [300 W 114th St].

Autre bonne table du quartier, **Vinateria** ne sert pas de *soul food*, mais plutôt une cuisine aux influences espagnoles et italiennes. Le menu change chaque jour, selon les produits du marché. Le restaurant, qui appartient à un couple de Harlem, possède une jolie terrasse [2211 Frederick Douglass Blvd].

232D

Le taxi studio

233 Il aurait voulu être un artiste, mais, faute de talent, il fait maintenant dessiner ses clients. Monter dans le taxi de **Fabio Peralta**, on l'aura compris, n'a rien de banal. Le chauffeur, qui sillonne les rues de New York depuis 40 ans, a transformé la banquette arrière de sa voiture en studio d'artiste. La plupart des chauffeurs de taxi new-yorkais parlent au téléphone et zigzaguent dans le trafic sans se soucier de leurs passagers, alors que Peralta, lui, évite les nids-de-poule et freine en douceur. Après tout, qui sait quel chef-d'œuvre lui réserve son prochain client?

Il y a plus de 13 000 taxis jaunes à Manhattan et Fabio affirme qu'il est le seul à conserver des traces de ses passagers. Il y a cinq ans, il en a eu assez du train-train, et il a eu l'idée simple, mais brillante, de demander à chacun de ses passagers de lui faire un dessin. Il en a déjà accumulé près de 8000.

J'ai passé quelques heures à ses côtés, assise sur le siège avant, à la recherche de clients dans les rues de Midtown, pour voir de quoi il retourne. À un moment donné, un client pressé, veston-cravate, monte à bord, le nez dans son téléphone. Au premier feu rouge, Fabio se retourne et lui tend une planche à dessin et un stylo. « Pourriez-vous me dessiner quelque chose ? » demande-t-il avec un fort accent dominicain. « Pour quoi faire ? » répondent la plupart des clients, avant de succomber à ces plaisirs souvent réservés à l'enfance.

Ceux qui refusent sont rares. La plupart des hommes d'affaires sont surpris, mais finissent par laisser tomber leur téléphone et se mettent à l'ouvrage, concentrés, en silence, comme s'ils oubliaient, le temps d'un court voyage, leur stress quotidien. Sans le savoir, Fabio a inventé une forme de thérapie au beau milieu de cette jungle urbaine.

« On ne sait jamais qui va monter dans mon taxi ni ce que ces gens deviendront, mais je garde des traces de leur passage. » Quelques dessins de sa collection sont très réussis. Il y a du talent dans les rues de New York ! Certaines personnes préfèrent se vider le cœur et lui écrivent des confidences. Fabio ne les lit pas, parce que « ce sont leurs affaires ».

Art médiéval et plantes carnivores

234

Petit paradis perdu dans le nord de Manhattan, **The Cloisters** appartient au Metropolitan Museum of Art. Le musée — le seul en Amérique du Nord qui se consacre entièrement à l'art et à l'architecture du Moyen Âge — abrite une collection de plus de 5000 œuvres venues d'Europe, réparties dans 5 cloîtres. Parmi les plus célèbres, mentionnons un groupe de sept tapisseries, *The Hunt of the Unicorn* (*La Chase à la licorne*), confectionnées de 1495 à 1505.

Les cloîtres ne sont pas des reproductions d'anciens bâtiments, mais d'authentiques parties de monastères français et espagnols édifiés du XIIe au XVe siècle. Dans les années 1930, on a défait ces cloîtres en morceaux, puis on les a transportés à New York par bateau, où on les a reconstruits à l'identique, pierre par pierre. La coûteuse opération a été financée par la famille Rockefeller et le musée a ouvert ses portes en 1938. Même si l'art médiéval n'est pas votre tasse de thé, la beauté des lieux vaut le détour. À 20 minutes de Times Square, perché au sommet d'une colline dans le Fort Tryon Park, au-dessus du fleuve Hudson, on se croirait en Espagne...

Le musée compte aussi trois jardins où l'on peut admirer des espèces végétales anciennes. Le jardin Bonnefont, au niveau inférieur, renferme une impressionnante collection de 300 végétaux dont on usait au Moyen Âge — plantes d'intérieur, herbes culinaires, médicinales, magiques, etc. Il y a même des plantes carnivores. Les jardiniers du musée tiennent le blogue metmuseum.org/in-season.

Il y a un café sur place et l'on peut pique-niquer sur les lieux. Je vous suggère de vous y rendre en vélo (45 minutes depuis Midtown) : la balade le long du fleuve est magnifique. Certaines personnes se baignent à la hauteur de 177th Street ; d'autres pêchent. On peut aussi y aller en métro (ligne A, station Dyckman Street). Le ticket coûte 25 $, mais en fait c'est à discrétion [99 Margaret Corbin Dr].

La mosaïque de villages

Brooklyn

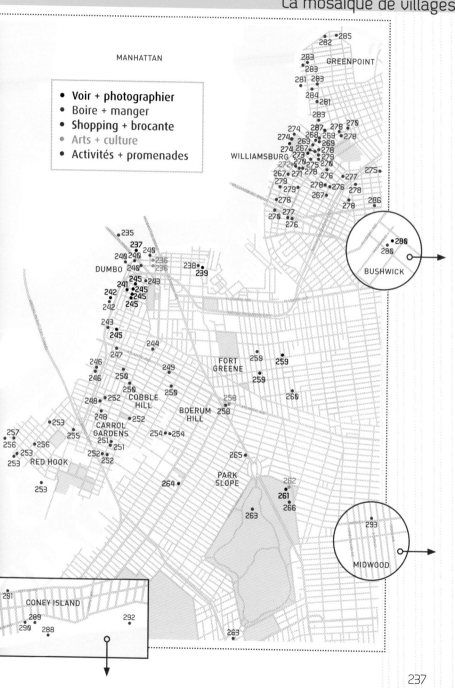

MANHATTAN

- Voir + photographier
- Boire + manger
- Shopping + brocante
- Arts + culture
- Activités + promenades

GREENPOINT

WILLIAMSBURG

BUSHWICK

DUMBO

FORT GREENE

COBBLE HILL

BOERUM HILL

CARROL GARDENS

RED HOOK

PARK SLOPE

MIDWOOD

CONEY ISLAND

237

Le plus beau pont de New York

235 Un séjour à New York n'est pas complet si vous ne traversez pas à pied le **pont de Brooklyn**, le préféré des New-Yorkais. Le meilleur moment pour le faire est en fin de journée, au coucher du soleil. Comptez une vingtaine de minutes. Chaque jour, 4000 piétons et 3100 cyclistes empruntent l'étage qui leur est réservé exclusivement. Un conseil, cependant, pour ne pas faire enrager les cyclistes new-yorkais : ne franchissez pas la ligne blanche qui sépare les deux voies.

Inauguré en 1883, c'est un des plus anciens ponts suspendus des États-Unis. Il y avait à l'époque une cave à vin et à champagne entre les arches, dans la culée du pont, du côté de Manhattan. On pouvait y accéder par la station de métro Brooklyn Bridge – City Hall. Ces espaces étaient loués pour éponger les coûts astronomiques de la construction du pont, soit 15 millions de dollars à l'époque. De 2010 à 2014, le pont a subi d'importants travaux de rénovation d'un demi-milliard de dollars.

L'art sous les ponts

236 **DUMBO** (acronyme formé des initiales de *Down Under the Manhattan Bridge Overpass*) est principalement le quartier des galeries d'art à Brooklyn. Front, Water et Washington Streets regorgent de boutiques indépendantes et de cafés. J'aime beaucoup la librairie et la galerie d'art **Powerhouse Arena** [37 Main St]. Au deuxième étage du **111 Front Street**, vous trouverez une douzaine de galeries ouvertes au public.

Pour faire une photo carte postale de l'Empire State Building entre les pattes du Manhattan Bridge, placez-vous à l'angle de Front et Washington Streets.

Le meilleur moyen d'accéder au quartier DUMBO est de prendre la ligne de métro A ou C [station High Street – Brooklyn Bridge] ou de traverser le pont de Brooklyn à pied. Descendez l'escalier, à gauche, au bout de l'étage des piétons et cyclistes, et vous y êtes.

235

Le carrousel
sous le cube de verre

237 Au **Brooklyn Bridge Park**, au bord d'East River, il y a un vieux carrousel des années 1920, le Jane's Carousel. Les enfants en raffolent. Le manège est protégé par un immense cube de verre dessiné par l'architecte français Jean Nouvel. La vue sur le Brooklyn Bridge est imprenable [1 Water St]. Il y a souvent des expositions d'art dans ce parc et des marchés gourmands les fins de semaine sur le quai Pier 5. On y trouve une centaine de kiosques.

Le quartier figé dans le temps

238
À l'est de DUMBO, **Vinegar Hill** est un petit quartier aux rues pavées, où le temps semble s'être arrêté. Hudson Avenue, à la hauteur de Water Street, est bordée de maisons qui datent d'avant la guerre de Sécession. La cantine de choix dans ce quartier est **Vinegar Hill House**, pour sa cuisine rustique américaine et son joli jardin à l'arrière [72 Hudson Ave].

La maison mystérieuse

239
Derrière une grille au bout d'Evans Street se cache une grande maison blanche qui date de 1806. Elle appartenait à l'époque au dirigeant de la Brooklyn Navy Yard, le chantier naval de New York. Depuis 1964, la **Maison du Commandant** est une propriété privée et tous se demandent qui en est l'heureux propriétaire. Il y a souvent des voitures des années 1950 garées dans l'allée. On a pu voir la maison dans la série *Boardwalk Empire* [24 Evans St].

Ne mangez surtout pas votre pizza avec une fourchette et un couteau. Les New-Yorkais mangent leur part avec les doigts, en la pliant. #onlyinNY

Les restaurants dans l'ombre des ponts

240
Pour une soirée romantique, rien ne vaut **The River Café**, au décor enchanteur. Aménagé sur un ancien débarcadère, le restaurant a ouvert ses portes en 1977 et offre une vue de rêve sur Manhattan et le pont de Brooklyn. On a l'impression de manger sur l'eau et le restaurant est entouré de jardins. On y célèbre souvent des mariages. Le menu à prix fixe est de 55 $ par personne pour le brunch, 42 $ pour le lunch, et 115 $ le soir [1 Water St].

Gran Eléctrica propose une authentique cuisine mexicaine haut de gamme. La terrasse, à l'arrière, se trouve dans l'ombre du pont de Manhattan. On peut siroter une Margarita infusée au piment habanero et déguster un excellent ceviche. Le papier peint rend hommage au graveur et illustrateur mexicain du XIXe siècle José Guadalupe Posada [5 Front St].

Chez **Atrium**, la cuisine du marché d'inspiration méditerranéenne est mise en valeur dans un espace industriel. Un des murs du restaurant est couvert de végétaux. Le plat de tagliatelle de quinoa est l'un de mes favoris [15 Main St].

La meilleure pizza dans DUMBO est celle de **Juliana's**. Ne vous laissez pas influencer par la file d'attente devant Grimaldi's, juste à côté. La pizza de Juliana's est bien meilleure [19 Old Fulton St].

Les dents sucrées iront chez **One Girl Cookies**, la référence dans le quartier pour les biscuits, gâteaux et cupcakes. L'endroit, spacieux, accueille aussi les «laptopeurs» [33 Main St].

La maison qui a inspiré l'auteur de *Breakfast at Tiffany's*

241 Le célèbre écrivain américain **Truman Capote** a longtemps habité la maison jaune du 70 Willow Street. Construite en 1839, c'est une des plus vieilles résidences du quartier. Elle compte 18 pièces et une douzaine de foyers. En 2012, elle a été vendue à 12 millions de dollars, un record à l'époque, à Brooklyn.

En 1955, Capote avait convaincu le propriétaire de la maison, le producteur de théâtre Oliver Smith, de lui laisser occuper une chambre. Il y est resté pendant 10 ans, buvant des martinis sur la véranda entre deux séances d'écriture. C'est là qu'il a écrit son plus grand succès, *Breakfast at Tiffany's*, mais aussi *A House on the Heights*, récit sur son passage dans Brooklyn Heights, un quartier qui, selon lui, était tissé de «splendides contradictions».

La promenade avec vue sur Manhattan

242 L'esplanade qui surplombe l'autoroute Brooklyn-Queens est le joyau de Brooklyn Heights. En fin de journée, on profite d'une vue spectaculaire sur Manhattan, la statue de la Liberté et le pont de Brooklyn. On la surnomme aussi «*The Promenade*». L'entrée se trouve à l'angle d'Orange Street et Columbia Heights. Avis aux amoureux de maisons luxueuses: plusieurs brillent au bout de la promenade, dans Remsen et Joralemon Streets, et Pierrepont Place.

Les Italiens de Brooklyn Heights

243 Au restaurant sarde **River Deli** (A), dont l'extérieur rappelle les peintures d'Edward Hopper, les plats de charcuteries et fromages sont servis avec un pain mince et craquant typique de Sardaigne, le *pane carasau*. Je recommande le plat de pâtes au ragù d'agneau [32 Joralemon St].

Le **Noodle Pudding**, situé tout près du pont de Brooklyn, sert quant à lui d'excellents plats de gnocchi, risotto, lasagne et osso buco. Demandez une des tables près de la vitrine [38 Henry St].

244

Un voyage dans le temps

244 J'ai mis cinq ans avant de visiter le **New York Transit Museum** et je regrette de ne pas l'avoir fait plus tôt. Le musée du métro de New York est incontournable pour qui souhaite en connaître un peu plus sur l'ADN de la ville. Vous y apprendrez comment, il y a plus de 100 ans, on a construit un des plus grands métros du monde avec ses 468 stations, 24 lignes, 373 kilomètres de rails et 5,5 millions de voyageurs par jour.

Les wagons qui y sont exposés datent de 1907, 1916, 1928 et 1949, entre autres. On peut aller et venir entre eux; ils portent toujours les publicités de leur époque. Le musée est fermé le lundi et lors des congés fériés. Le tarif est de 7 $ et l'entrée se trouve à l'intersection de Boerum Place et Schermerhorn Street, dans l'ancienne station Clark Street.

Le plus beau quartier de Brooklyn

245 Quartier historique protégé aux maisons magnifiques, **Brooklyn Heights** est un des rares quartiers de Brooklyn qui n'ont pas été envahis par les commerces. Quelques-unes de ses rues, bordées de quelque 2000 arbres, portent des noms de fruits, comme Cranberry, Orange et Pineapple. Grace Court Alley, Hunts Lane et Love Lane sont d'anciennes ruelles où l'on gardait jadis les chevaux et les calèches. Depuis lors, les étables ont été transformées en luxueuses résidences. C'est une excellente destination photo !

Une curiosité du quartier est la maison de style Greek Revival, sise au 58 Joralemon Street. Personne n'y vit, puisque cette maison cache un puits de ventilation du métro depuis 1908. D'où les fenêtres placardées de panneaux noirs.

Comme en Thaïlande

246 Le chef Andy Ricker est considéré comme l'enfant terrible de la cuisine thaïlandaise à New York et le meilleur ambassadeur de cette cuisine méconnue aux États-Unis. Cet ancien ouvrier du bâtiment est tombé amoureux de la cuisine du nord de la Thaïlande lors de ses nombreux voyages et il a décidé d'ouvrir le restaurant **Pok Pok**, d'abord à Portland (Oregon), et, depuis 2013, à Brooklyn, près des quais, dans le quartier Cobble Hill [117 Columbia St]. Il a aussi ouvert un bar de l'autre côté de Kane Street, le **Whiskey Soda Lounge**, où l'on sert cocktails et petits plats, dont des ailes de poulet légendaires [115 Columbia St].

Le bar nostalgique

247 **The Long Island Bar** est aménagé dans un ancien diner. L'établissement appartenait à la même famille depuis les années 1950, mais il a fermé ses portes en 2007 avant d'être repris en 2013 par Toby Cecchini, une légende dans le cercle des barmen à New York. C'est d'ailleurs à son inventivité que l'on doit le fameux cocktail Cosmopolitan, rendu célèbre par la série Sex and the City. Cecchini a préservé le caractère Art déco du restaurant, tout comme l'enseigne au néon. Cet endroit empreint de nostalgie propose des cocktails classiques, comme le Boulevardier, et quelques plats, dont un délicieux hamburger [110 Atlantic Ave].

L'antre de la pizza

248 Les résidants de Carroll Gardens vous diront tous que la meilleure pizza est celle de **Lucali**, et ce n'est pas moi qui vais les contredire. C'est un endroit décontracté et familial, situé dans un ancien magasin de bonbons, où l'on peut apporter son vin. J'aime observer le pizzaiolo Mark Iacono à l'œuvre sur une table éclairée à la chandelle, à l'arrière du restaurant. Il abaisse sa pâte avec une bouteille de vin en guise de rouleau. Ses pizzas et calzones sont si bons qu'il faut hélas faire la file. Je vous suggère de donner votre nom à l'hôtesse et d'aller prendre un verre au **Bar Bruno** en attendant, deux coins de rue plus loin [520 Henry St]. La petite pizzeria Lucali est ouverte tous les jours, sauf le mardi, de 18 heures à 22 heures. Le week-end, jusqu'à 23 heures [575 Henry St].

Des *smoked meat* comme à Montréal

249 **Mile End** est le populaire restaurant de *smoked meat* de Noah Bernamoff, un Montréalais qui a grandi à Dollard-des-Ormeaux et qui habite New York depuis quelques années. Il a ouvert son delicatessen dans un ancien garage du quartier Boerum Hill en 2012 et le succès a été instantané. Le décor de l'étroit restaurant de 19 places est entièrement inspiré de Montréal. Des photos du Mile End ornent les murs et il a nommé un sandwich en l'honneur de Ruth, la doyenne de Wilensky's, le casse-croûte de la rue Fairmount à Montréal [97A Hoyt St].

Les bonnes tables de Cobble Hill et Boerum Hill

250 Chez **Brucie**, la jeune chef Zahra Tangorra cuisine des plats italiens avec une touche moderne. Elle fait son propre pain, son fromage burrata et du beurre infusé aux grains de café. Le menu change chaque jour, mais la lasagne et les pâtes aux boulettes de viande de Zahra sont si populaires qu'elles restent au menu. C'est le restaurant des petites attentions; on vous offre un verre de prosecco si l'attente est trop longue [234 Court St].

La **Vara**, un charmant restaurant espagnol, sert d'excellents tapas. Le couple de propriétaires, Alexandra Raij et Eder Montero, est originaire du Pays basque. Commandez les artichauts frits, l'aubergine au miel et fromage fondu, la salade de morue salée (avec clémentines, olives, pistaches, œufs à la coque et grenade) et la crème glacée à l'huile d'olive [268 Clinton St].

Les soirées en amoureux sont toujours réussies au **Rucola**, un restaurant situé au rez-de-chaussée d'une maison de type Brownstone, qui propose des plats du nord de l'Italie. Les pâtes maison au ragù d'agneau sont divines [190 Dean St].

Le quartier des jardins

251 **Carroll Gardens** se démarque par ses jardins devant chaque maison. En se promenant dans les deux artères commerçantes, Court et Smith Streets, on découvre quantité de vieux marchands, des boucheries et des épiceries italiennes, mais aussi de plus en plus de commerces français. On surnomme d'ailleurs cette partie de Brooklyn la «Petite France».

Mon restaurant préféré est **Frankies Spuntino** (A), bistro italien logé dans un ancien club social, qui propose une cuisine rustique et abordable. Les habitués viennent lire au bar l'après-midi. La terrasse, à l'arrière, compte parmi les plus belles en ville. Si belle que certains couples viennent s'y marier. Il y a de grandes tables pour accueillir les groupes [457 Court St].

Quelques portes plus loin, les propriétaires Frank Castronovo et Frank Falcinelli possèdent aussi le restaurant **Prime Meats**, inspiré de la cuisine germanique des Alpes. Comme son nom le suggère, le restaurant, qui s'approvisionne auprès de fermes locales, se spécialise dans la viande : tartare de bœuf, côtelettes de porc, rillettes, pâtés et saucisses maison [465 Court St].

252 A

253 A

Comfort food dans Carroll Gardens

252 Le brunch chez **Buttermilk Channel**, restaurant qui se spécialise dans le *comfort food* réinventé, est toujours populaire. On y propose plusieurs sortes de Bloody Marys, des œufs brouillés, des crêpes au babeurre, un *grilled cheese* bacon cheddar. Le soir, on peut manger un pain de viande de canard et des gaufres avec poulet frit. Il y a aussi un menu végétarien et un autre pour les enfants. Le lundi soir, formule à 30 $; et le mardi soir, on peut apporter son vin [524 Court St].

Quand j'ai envie d'un bon sandwich, je vais chez **Court Street Grocers** (A), une épicerie fine dotée d'un comptoir de plats à emporter. Essayez le Delight (corned-beef et munster), le Mother-In-Law (bœuf braisé), ou encore son *grilled cheese* [485 Court St]. J'aime aussi les sandwiches et pâtisseries de **Smith Canteen**, un café établi dans une pharmacie centenaire [343 Smith St].

Autre endroit aménagé dans une pharmacie des années 1920 : **Brooklyn Farmacy & Soda Fountain**. On y sert surtout des desserts, dont une douzaine de sundaes (The Elvis, avec banane, fudge, beurre d'arachide, est particulièrement réussi), des milk-shakes à l'ancienne et des flotteurs — boule de crème glacée plongée dans du soda [513 Henry St].

Manger des fruits de mer dans Red Hook

253 Red Hook était un des ports les plus animés du monde vers 1920. Puis, lors de la construction des autoroutes dans les années 1950, le quartier a été coupé du reste de Brooklyn et le port a peu à peu perdu de son attrait. Dans les années 1990, le quartier (l'un des plus dangereux du pays à l'époque) avait été surnommé « capitale américaine du crack ». Depuis, plusieurs artistes ont envahi les hangars industriels et les New-Yorkais s'y rendent maintenant surtout pour manger des fruits de mer. Depuis Manhattan, le meilleur moyen d'y aller est de prendre le bateau IKEA Water Taxi (voir raison n° 9).

Le **Red Hook Lobster Pound** vaut le détour pour son généreux sandwich au homard. On peut choisir son crustacé à même les bassins [284 Van Brunt St].

La grande épicerie **Fairway** (A) propose des *lobster rolls* qu'on peut déguster sur les tables à pique-nique, derrière, d'où l'on voit la statue de la Liberté [480-500 Van Brunt St].

De l'autre côté de la rue, **Brooklyn Crab**, un restaurant de fruits de mer de deux étages, est très populaire l'été à cause de ses grandes terrasses et de son golf miniature. Le décor évoque un restaurant du Maine [24 Reed St].

Comme dans un motel en Floride

254 Aménagé dans un ancien entrepôt près du canal Gowanus, **The Royal Palms** est le premier club new-yorkais de shuffleboard, ce jeu qu'on associe normalement aux motels kitsch de Fort Lauderdale. L'espace de 1700 mètres carrés au décor tropical comprend 10 terrains qu'on peut louer à 40 $ l'heure (pour 4 joueurs). Chaises de plage, bars à cocktails tropicaux et camion-cantine complètent le décor. C'est un endroit original où fêter un anniversaire ou s'amuser en groupe les jours de pluie. Les soirées se terminent en parties de bingo animées par des drag queens [514 Union St].

255 256 A

Le *sandwich shop* des travailleurs

255 Hors des sentiers battus, **Defonte's** a pignon sur rue depuis 1922 pour une simple et bonne raison : les sandwiches y sont délicieux et gargantuesques. L'entreprise familiale a été fondée par Nick Defonte. Après être débarqué à Ellis Island, l'Italien n'arrivait pas à trouver du travail, alors il a eu l'idée d'ouvrir ce comptoir à sandwiches. L'établissement nourrissait au début des années 1920 plusieurs travailleurs, comme les débardeurs du port, les pompiers, les grutiers et les chauffeurs de camion. C'est aujourd'hui son petit-fils, Nicky, qui dirige l'établissement fréquenté par plusieurs policiers du poste de quartier. On y sert 25 variétés de sandwiches sur pain baguette italien ; certains mesurent près de 25 centimètres. Le hero (autre nom du *submarine sandwich*) aux boulettes de viande (The Dino) est renversant [379 Columbia St].

Key West à Brooklyn

256 Une visite à Red Hook ne serait pas complète sans une halte chez **Steve's Authentic Key Lime Pies** (A). Depuis plus de 30 ans, Steve Tarpin fabrique d'authentiques tartes à la lime, comme à Key West. Il propose aussi des portions individuelles à déguster sur place. Goûtez au Swingle, une tartelette glacée à la lime, sur bâton, nappée de chocolat fondu. Pour trouver l'endroit, repérez l'écriteau PIES HERE [185 Van Dyke St]. Autre endroit délirant pour les desserts : la pâtisserie **Baked**. Ne repartez pas sans avoir goûté aux brownies ou aux scones [359 Van Brunt St].

Un chai dans Red Hook

257 Eh oui, on élabore du vin à Brooklyn depuis 2008. Le propriétaire de **Red Hook Winery**, Mark Snyder, a convaincu deux vignerons de la vallée de Napa de se lancer dans l'aventure avec lui. Ils produisent une vingtaine de vins en s'approvisionnant en raisins dans 15 vignobles de la région de New York. On peut déguster sur place les produits de la Red Hook Winery, chaque jour de 11 heures à 17 heures (le dimanche, dès midi), au coût de 5 $ [175-204, Van Dyke St, Pier 41, porte 325 A].

Le nouveau temple du sport et du divertissement

258 Assister à un match des Nets (basketball) ou des Islanders (hockey), ou à un concert au Barclays Center dans le quartier Fort Greene, est une expérience unique. Vous n'aurez jamais vu des spectateurs avec tant de style qu'au **Barclays Center**. J'aime particulièrement la foire alimentaire, qui ne regroupe que des restaurants de Brooklyn, et le salon de barbier Fellow Barber. La salle omnisports de près de 18 000 places a été inaugurée en 2012. Pour la première fois depuis le départ des Dodgers (baseball) pour Los Angeles en 1957, les Brooklynois pouvaient se targuer d'avoir un club des ligues majeures, les Nets de la NBA. Les Islanders de la Ligue nationale de hockey s'y installeront en 2015. Toutes les lignes de métro se rendent à l'aréna [620 Atlantic Ave].

Faire les puces dans Fort Greene

259 **Brooklyn Flea** est un marché aux puces et une foire culinaire de 3700 mètres carrés qui se déroule chaque samedi, d'avril à novembre, de 10 heures à 17 heures, dans une cour d'école de Fort Greene, l'endroit idéal pour dénicher des antiquités, des vêtements vintage, ou pour déguster un *popsicle* de **People's Pops**, un hot dog aux saveurs asiatiques d'**Asiadog**, un *grilled cheese* du populaire **Milk Truck** [176 Lafayette Ave]. Si vous avez encore de l'appétit, arrêtez-vous chez **Graziella's**, un restaurant italien niché dans un ancien garage. Sa spécialité est la pizza à la roquette et au parmesan [232 Vanderbilt Ave].

En sortant, ne manquez pas le superbe campus verdoyant de **Pratt Institute**, la prestigieuse université d'art et de design, à l'intersection de Dekalb et Hall Streets. Le parc est rempli de sculptures.

258

Le restaurant dans la pharmacie

260 **Locanda Vini e Olii** est une des meilleures tables du quartier Clinton Hill. Le restaurant toscan est aménagé dans une pharmacie vieille de 130 ans, le Lewis Drug Store. Les propriétaires ont conservé l'enseigne et les armoires de bois où étaient rangés les médicaments. J'aime l'atmosphère décontractée de ce lieu. Si vous souhaitez boire du vin au verre, on laissera tout bonnement la bouteille à votre table et on mesurera à la fin, à l'aide d'un bâton, ce que vous aurez bu [129 Gates Ave].

La statue dans le stationnement

261 Étrangement, on peut admirer une réplique de la **statue de la Liberté** dans le parking du Brooklyn Museum. Elle mesure plus de 9 mètres de haut (la vraie statue mesure 46 mètres sans le socle). William H. Flattau, un commissaire-priseur d'origine russe, avait commandé cette statue en 1902 pour la mettre sur le toit de son immeuble dans Upper West Side. C'était sa façon de remercier les États-Unis de l'avoir accueilli. Elle y est restée pendant 100 ans avant d'être relocalisée au musée.

261

Le plus grand musée de Brooklyn

262 En sortant du métro dans Eastern Parkway, je suis toujours impressionnée par cet immense immeuble de style Beaux-Arts, datant de 1893, en plein cœur du quartier Prospect Heights. Souvent oublié dans le circuit des musées, le **Brooklyn Museum** est pourtant le plus grand de New York, après le Metropolitan Museum of Art, avec une superficie de 52 000 mètres carrés consacrée aux expositions. L'atmosphère y est cependant beaucoup plus décontractée qu'au Metropolitan. On peut déplacer les chaises et s'asseoir devant les tableaux qu'on veut admirer longuement. Les collections permanentes recèlent aussi bien des chefs-d'œuvre de l'Égypte antique que des pièces d'art contemporain. Ne manquez pas la collection de 50 sculptures de Rodin au 5e étage.

Le musée est fermé les lundis et mardis. Le premier samedi du mois (sauf en septembre), l'institution ferme à 23 heures. On peut alors participer à toutes sortes d'activités spéciales, films, musique *live*, expositions, etc. Cette fête mensuelle s'appelle la Target First Saturdays [200 Eastern Pkwy].

L'autre Central Park

263 **Prospect Park** est un parc public de plus de 2 kilomètres carrés dessiné par les architectes-paysagistes Calvert Vaux et Frederick Law Olmsted (celui-là même qui a conçu Central Park et le parc du mont Royal à Montréal). Prospect Park est beaucoup plus sauvage que Central Park; d'ailleurs on y trouve la seule forêt de Brooklyn, The Ravine. On peut aussi y faire du cheval, activité désormais impossible à Central Park. Kensington Stables [51 Caton Pl] propose des cours d'équitation pour enfants et adultes, de 7 heures 30 à 20 heures 30 tous les jours, mais il faut réserver sa place. Quant aux randonnées à cheval, elles ont lieu de 10 heures jusqu'au coucher du soleil, au coût de 37 $ l'heure par personne (une personne par cheval).

Chaque dimanche, des percussionnistes se rassemblent à Drummer's Grove, un événement qui rappelle les tam-tams du mont Royal à Montréal. On peut aussi louer des pédalos au LeFrak Center à Lakeside (et y patiner l'hiver), sans faire la file comme à Central Park. Pour les enfants, il y a un carrousel datant de 1912 et un zoo qui abrite 400 animaux de 80 espèces. Dans le Children's Corner, une vieille maison de ferme, construite par une famille néerlandaise au XVIIIe siècle, vaut le détour. Pour y accéder, il faut emprunter l'entrée Willink, à l'intersection d'Ocean et Flatbush Avenues.

La boutique des superhéros

264 Fifth Avenue, entre Flatbush Avenue et 15th Street, dans le quartier Park Slope, regorge de boutiques indépendantes et éclectiques, mais **Brooklyn Superhero Supply Co.** se distingue des autres. Les plus jeunes adorent cette boutique inusitée où l'on vend des capes, des costumes et de la nourriture pour les superhéros (et même une potion d'immortalité!). La boutique abrite, derrière une porte secrète, un atelier d'écriture pour les enfants qui éprouvent des difficultés d'apprentissage. Des bénévoles donnent ces ateliers [372 5th Ave].

La pizza écolo

265 Dans Park Slope, j'aime particulièrement **Franny's**, pizzeria et restaurant italien écolo où tous les ingrédients proviennent de producteurs locaux. C'est le genre d'endroit digne de San Francisco. L'établissement appartient au couple Andrew Feinberg et Francine Stephens, qui a été inspiré par le mouvement Slow Food né à Berkeley, en Californie. La plupart des plats ne comptent que trois ou quatre ingrédients. Essayez leur pizza huile d'olive et sel de mer, simple et délicieuse [348 Flatbush Ave].

Les cerisiers de Brooklyn

266 Le **Brooklyn Botanical Garden** étant situé juste à côté du Brooklyn Museum, je visite habituellement ces deux endroits la même journée. Jardin et musée sont ouverts à longueur d'année. Le jardin japonais est beau l'hiver, mais pas autant que durant la saison des cerisiers en fleurs, en avril. La **Cherry Esplanade**, qui compte environ 200 cerisiers, devient alors, pendant à peine 10 jours, un petit paradis terrestre tout en nuances de rose. Le jardin botanique abrite également un musée de bonsaïs et un jardin des parfums. Ce dernier, inauguré en 1955, fut le premier jardin au pays conçu à l'attention des aveugles: certaines fleurs (au parfum de chocolat ou de menthe verte, par exemple) sont si odorantes qu'on les apprécie presque davantage les yeux fermés. Il y a deux entrées: 990 Washington Avenue; et 150 Eastern Parkway.

Le corridor de restaurants

267 On trouve sur Wythe Avenue plusieurs bons restaurants, comme le mexicain **Café de la Esquina**, aménagé dans un ancien *diner* rétro et agrémenté d'une grande terrasse [225 Wythe Ave].

Cela dit, un de mes endroits favoris demeure le **Cafe Mogador** (A), un restaurant marocain et méditerranéen qui propose des couscous et des tajines à prix abordable. J'aime particulièrement y aller pour le brunch. Demandez une table dans l'atrium, derrière [133 Wythe Ave]. Dans la même veine, j'aime aussi **Zizi Limona** à Williamsburg [129 Havemeyer St].

Pour les desserts et le petit déjeuner, j'ai un faible pour **Bakeri** (B), petite pâtisserie artisanale d'inspiration norvégienne, qui possède un joli jardin et un bassin de poissons [150 Wythe Ave].

267 A

267 B

L'hôtel dans l'ancienne tonnellerie

268 Alors que personne ne voulait s'aventurer dans cette zone auparavant, Wythe Avenue, une artère qui longe l'ouest de Williamsburg, est en plein boom depuis quelques années. Restaurants, bars et hôtels s'y sont établis. L'arrivée du **Wythe Hotel** en 2012 y est certainement pour quelque chose. Au terme de rénovations qui auront duré cinq ans, l'hôtel-boutique, aménagé dans une ancienne manufacture de tonneaux datant de 1901, est aujourd'hui le cœur du quartier. L'hôtel comprend 72 chambres, certaines avec des lits superposés qui ont été conçus spécifiquement pour les groupes de musiciens en tournée, qui n'ont pas les moyens de se payer des chambres individuelles [80 Wythe Ave].

Le restaurant de l'hôtel, le **Reynard**, utilise des produits de fermes locales, et plusieurs plats sont cuits à feu vif dans l'immense cuisine à aire ouverte. Au dernier étage, le bar **The Ides** offre une vue de rêve sur Manhattan, surtout en fin de journée. Les clients s'y pressent pour immortaliser le coucher de soleil entre les gratte-ciel.

Le pire moment pour chercher un taxi est entre 16 heures et 17 heures, lors du changement de quart de travail. Le nombre de voitures de taxi chute alors de 20 % dans les rues de New York. Depuis 2013, de nouveaux taxis vert pomme (les « boro taxis » ou « boro cabs ») desservent les quartiers où les taxis jaunes refusent d'aller. Les taxis verts ne peuvent prendre des clients que dans les arrondissements à l'extérieur de Manhattan, comme Queens, le Bronx et Brooklyn, mais aussi au nord d'East 96th et de West 110th Streets à Manhattan. #onlyinNY

270A

Le brunch à Williamsburg

270 Après une soirée bien arrosée, le brunch est de mise. Un des endroits les plus populaires est **Five Leaves** (A) [18 Bedford Ave], à un jet de pierre de McCarren Park. Ne vous laissez pas décourager par la file d'attente, ça bouge vite grâce aux nombreuses tables extérieures. Il y a un comptoir à café dehors pour vous aider à patienter. Les plats les plus populaires sont les crêpes, le Moroccan Scramble, et l'entrée à partager de ricotta maison (avec figues, thym, miel et sel), servie avec pain aux fruits et noix.

Deux autres valeurs sûres pour le brunch sont **Marlow & Sons** et **Diner**. On y concocte une cuisine américaine rustique qui met en valeur les produits de la ferme. Les deux restaurants sont côte à côte et appartiennent au restaurateur vedette de Williamsburg Andrew Tarlow. Diner est niché dans un ancien wagon-restaurant [81 Broadway]; et Marlow & Sons est à la fois un bar et un magasin général [85 Broadway].

Tout est fait maison chez **Egg**, où l'on sert aux fanas de friture des déjeuners inspirés de la cuisine du sud des États-Unis. Le restaurant est reconnu pour son plat de **Biscuits & Gravy**. Sur chaque table, il y a un verre rempli de crayons de cire. Même les adultes ne peuvent résister à l'envie de dessiner sur les nappes de papier blanc [109 N 3rd St].

L'été, j'aime la grande terrasse du **St. Balmain**. Balmain, un quartier de Sydney, a inspiré le menu ensoleillé de ce restaurant australien : granola maison, sandwich-déjeuner, toast à l'avocat, bol-déjeuner garni d'œuf poché, quinoa et kale. Mais l'invention culinaire qui l'a rendu populaire est son beigne dans lequel est planté une seringue alimentaire remplie de confiture ou de chocolat. On injecte soi-même la garniture dans la pâtisserie [178 N 8th St].

Une soirée sur Wythe Avenue

269 L'une des seules boîtes de nuit du quartier, **Output** attire plusieurs grands DJ. Sur ses deux étages, l'ambiance est beaucoup plus décontractée que dans les clubs du Meatpacking District à Manhattan. On n'échappe pas au prix d'entrée, par contre. De 15 $ à 25 $ [74 Wythe Ave].

À côté du Wythe Hotel se trouve **Kinfolk Studios**, un complexe éclectique aux multiples identités. C'est un café, un espace d'exposition et une boutique pour hommes durant le jour ; un bar, un restaurant, une salle de concert et une boîte de nuit le soir [90 et 94 Wythe Ave].

Non loin de là, on peut jouer aux quilles jusqu'à 4 heures du matin chez **Brooklyn Bowl**. C'est aussi une populaire salle de concert. Il y a toujours de bons spectacles, des invités surprises, et on y mange bien. Le panier de poulet frit est légendaire [61 Wythe Ave].

Les princes du chocolat

271 Avis aux amateurs de chocolat : **Mast Brothers** vaut le détour, ne serait-ce que pour humer l'odeur qui embaume cette chocolaterie artisanale. Les frères Rick et Michael Mast, deux barbus originaires de l'Iowa, confectionnent des tablettes de chocolat raffinées en une dizaine de parfums. Ma préférée est la Sea Salt, au sel de mer. Les emballages à motifs sont aussi beaux que le chocolat est bon [111A N 3rd St].

Quelques portes plus loin, les frères Mast sont également propriétaires d'un endroit unique, **The Brew Bar**, un bar à infusions de chocolat. On peut choisir parmi plusieurs types de fèves de cacao. Elles sont ensuite broyées et infusées comme du café. Le résultat est surprenant, pas du tout amer, mais bien différent des chocolats chauds de notre enfance. L'infusion de la République dominicaine a un léger goût de tabac ; celle du Pérou dégage des arômes de cannelle, mélasse et fruits ; et celle de Papouasie-Nouvelle-Guinée est à la fois fruitée et fumée. Voilà une toute nouvelle façon de savourer le chocolat [105A N 3rd St].

272 274

La librairie des artistes

272 Si vous avez l'âme d'un artiste, rendez-vous à la **Brooklyn Art Library**, siège du Sketchbook Project, véritable bibliothèque numérique qui rassemble les carnets de près de 16 000 artistes de plus de 130 pays. On peut les consulter gratuitement et plonger dans l'univers créatif d'un artiste professionnel, d'une grand-mère ou d'un enfant de six ans. On y vend aussi plusieurs beaux albums sur New York, du papier et des articles et fournitures de bureau [103A N 3rd St].

Le paradis des *foodies*

274 Chaque samedi après-midi, du printemps jusqu'à l'automne, le marché extérieur **Smorgasburg** attire les foules. La foire regroupe une centaine de kiosques d'artisans et de restaurants locaux. C'est le lieu de naissance de nombreuses tendances culinaires, comme le ramen burger. On y trouve aussi quelques antiquaires et boutiques vintage. Le marché est au bord de l'eau. Coup d'œil superbe sur Manhattan [90 Kent Ave].

Le magasin de disques qui refuse de mourir

273 **Rough Trade** est un anachronisme. L'immense magasin de 1400 mètres carrés a ouvert ses portes en novembre 2013, dans un des quartiers les plus chers de New York. Au moment où tous les magasins de disques fermaient, c'était tout un pari. Il s'agit de la première succursale aux États-Unis de ce populaire magasin londonien établi en 1976. L'espace de Brooklyn est à la fois un magasin de disques et vinyles, mais aussi une salle de concert, un café dirigé par le populaire restaurant Five Leaves, et un bar [64 N 9th St].

Le meilleur café de Williamsburg

275 **Toby's Estate** est à la fois une brûlerie, un café, un espace de vente et un laboratoire de dégustation d'espresso ouvert au public. On peut y suivre des cours sur le café. J'aime cet endroit avant tout pour son décor aéré et ses étagères remplies de bibelots [125 N 6th St].

Pour une expérience plus authentique, **Caffe Capri (A)** sert le meilleur café glacé en ville. Sarah Devita et Joe Rinaldi, les charmants propriétaires italiens, le préparent avec de la glace concassée. Ils ont pignon sur rue depuis 1974 et sont des personnages adorés dans le quartier. Ils proposent aussi de délicieux cannoli maison [427 Graham Ave].

Le steak que vous n'oublierez pas

276
Fondé en 1887, **Peter Luger** est le lieu des grandes occasions, puisque le steak pour deux coûte 99,95 $. Commandez le Porterhouse avec le plat d'épinards. N'osez surtout pas demander votre steak bien cuit : vous auriez droit à une remarque de la part du serveur [178 Broadway].

Le restaurant argentin **El Almacen** et le **St. Anselm** servent aussi d'excellents steaks, plus abordables et de très bonne qualité. Ces deux restaurants de quartier possèdent un décor rustique à l'éclairage tamisé, où le bois prédomine.

Chez **El Almacen**, la Costilla de Res, une côte de bœuf braisée dans du malbec, a la cote. Pour la déguster dans un joli décor, demandez une table dans le jardin [557 Driggs Avenue].

Chez **St. Anselm**, c'est le Butchers Steak, accompagné de la salade iceberg avec vinaigrette au bacon, qui remporte la palme. La salade de petits pois et fromage halloumi grillé, ou l'avocat grillé garni de crevettes à l'aïoli, sont également délicieux [355 Metropolitan Ave].

277B

La meilleure pizza de Williamsburg

277
Pour une simple part à emporter, il faut s'arrêter chez **Best Pizza** (A). Les murs de cette sympathique pizzeria sont tapissés d'assiettes en carton décorées par les clients [33 Havemeyer St]. Pour une expérience plus complète, **Motorino** [139 Broadway] et **Roberta's** (B) [261 Moore St] sont les deux destinations de choix. Roberta's est situé dans une zone industrielle à East Williamsburg. L'été, on peut manger dans le potager, derrière. On se croirait dans une commune ; tout le mobilier est fait de matériaux recyclés.

275A 277A

Les bars de Williamsburg

278

Williamsburg est probablement le quartier de New York, avec East Village à Manhattan, où l'on trouve le plus grand nombre de bars. Je vais souvent chez **Hotel Delmano** (A), un bar à cocktails aux murs tapissés de vieux portraits et de miroirs anciens. Les places de choix sont sur les banquettes de cuir ou sur la jolie terrasse. Le cocktail Brooklyn Beauty est exquis [82 Berry St].

Ceux qui préfèrent boire à la chope iront chez **Radegast Hall & Biergarten**, d'inspiration autrichienne. On y propose deux douzaines de bières en fût et plus de 80 bières en bouteille. On y sert des plats d'Europe de l'Est et des saucisses sur barbecue [113 N 3rd St]. Chez **Spuyten Duyvil**, on se spécialise dans les bières belges. L'endroit est très populaire à cause de son jardin, un des plus beaux de Brooklyn [359 Metropolitan Ave].

The Gutter (B) est une salle de bowling des années 1970, sombre et rétro. Tout est vintage dans cet établissement : les huit pistes, les photos sur les murs, les lampes, les fauteuils de cuir, les jeux d'arcade et même l'enseigne de Coca-Cola, dehors. Le bar propose 12 sortes de bière en fût. Il en coûte 7 $ pour une partie et 3 $ pour louer des chaussures [200 N 14th St].

Miss Favela est un restaurant-bar brésilien à l'ambiance incomparable, surtout les soirs d'été, quand les clients dansent entre les tables. On s'y sent en vacances [57 S 5th St].

Aménagé dans un ancien magasin d'accessoires de piscine, le bar **Union Pool**, dont le décor évoque les années 1960, est très populaire l'été à cause de son grand patio où stationne un *taco truck* [484 Union Ave].

Avis aux amateurs de jeux d'arcade : **Barcade** comprend une cinquantaine de consoles de jeux vidéo « vintage », dont le célèbre Tetris. Chaque partie coûte 25 ¢, comme dans le bon vieux temps. Le bar, établi en 2004 dans un ancien atelier de métallurgie, ne sert que des bières locales en fût [388 Union Ave].

278 A 278 B

280A 280B

Une soirée romantique à Williamsburg

279 La terrasse derrière le restaurant **Maison Première** est une des plus romantiques en ville. L'endroit est inspiré des *speakeasies* de La Nouvelle-Orléans. Les huîtres sont servies sur des plateaux d'argent à l'ancienne et les cocktails, dans des verres d'époque [298 Bedford Ave].

Pour les amoureux de sushis, **1 OR 8**, un restaurant au décor tout blanc, est l'endroit idéal pour un rendez-vous en tête-à-tête [66 S 2nd St].

La taverne japonaise **Cherry Izakaya** propose de nombreux petits plats succulents à partager. Pour plus d'intimité, demandez la petite salle privée à la mezzanine. Le décor est inspiré du Tokyo des années 1970, avec les panneaux de bois, les murales peintes à la main et le pachinko (sorte de flipper japonais) vintage dans l'entrée [138 N 8th St].

La nouvelle Mecque des graffitis

280 À cause des loyers qui montent en flèche à Williamsburg, les artistes migrent de plus en plus vers l'est et s'établissent à Bushwick. Ce quartier jadis mal famé est aujourd'hui en pleine transformation. Le groupe **The Bushwick Collective** (A), fondé en 2012 par un résidant du quartier, a eu l'idée de demander aux commerçants de réserver un de leurs murs extérieurs à des artistes internationaux. Ainsi, Troutman Street est devenue la plus grande galerie de murales à New York, où les graffeurs peuvent s'adonner à leur art en toute légalité. On peut y admirer une cinquantaine d'œuvres qui changent au gré des saisons [métro ligne L, station Jefferson Street].

Dans ce quartier, prévoyez un arrêt au **AP Café** (B), le temps de déguster un café, un smoothie, un sandwich, une salade ou des tacos. Avec son design moderne et épuré, AP rappelle les cafés du quartier Silver Lake à Los Angeles [420 Troutman St].

Le quartier dont le cœur bat à un autre rythme

281 J'aime **Greenpoint**, à la pointe nord de Brooklyn, pour son look industriel au bord de l'eau, mais surtout parce qu'on peut déambuler dans ses rues bordées d'arbres sans croiser personne. C'est un des rares quartiers de New York qui ne soient pas encombrés, puisqu'une seule ligne de métro le dessert (l'infâme ligne G, détestée des New-Yorkais pour son service irrégulier). La rue la plus intéressante est Franklin Street. Allez déjeuner chez **Le Gamin**, un charmant restaurant français dont les spécialités sont les crêpes salées et sucrées, les omelettes et les sandwiches sur baguette [108 Franklin St]. Le **Transmitter Park**, aménagé au bord d'East River, dans une ancienne zone industrielle au bout de Greenpoint Avenue, offre une vue à couper le souffle sur Manhattan.

Le restaurant dans l'ancienne verrerie

282 À mon avis, **Glasserie** est le plus beau restaurant de Greenpoint et celui qui vaut absolument le voyage dans cette zone excentrée. Il a été aménagé dans une ancienne usine de verre, construite en 1860 sur le bord de l'eau, à la pointe nord de Brooklyn, à côté de Long Island City. La jeune chef Sara Kramer y mitonne des plats rustiques du Moyen-Orient, avec une touche moderne. Laissez-vous tenter par les croquettes d'agneau et le pain yéménite maison. Je recommande cet endroit autant pour le brunch que pour le souper [95 Commercial St].

Trinquer dans Greenpoint

283 **Ramona**, un bar à cocktails avec une salle à l'étage [113 Franklin St], et **Alameda**, où l'on sert les cocktails dans des verres anciens, sur un magnifique comptoir en forme de fer à cheval [195 Franklin St], sont mes deux endroits de prédilection. **Achilles Heel**, un des nombreux établissements du restaurateur Andrew Tarlow, propose un concept hybride : on y sert pâtisseries et cafés le matin ; cocktails, plateaux de charcuteries, huîtres et sandwiches le soir. On a conservé le décor de la taverne du début des années 1900 [180 West St]. Au **Northern Territory**, un resto-bar australien doté d'une terrasse sur le toit, très populaire en fin de journée, l'attrait numéro un est la vue imprenable sur Manhattan [12 Franklin St].

La pizza de Paulie

284 Paul Gianonne, un ancien dirigeant chez AT & T, a décidé un jour de quitter son emploi pour se consacrer à sa vraie passion. Il a construit un four à bois dans sa cour, au New Jersey, et s'est mis à cuire des pizzas pour le voisinage. Le bouche à oreille a fait son œuvre et il a finalement ouvert son propre restaurant en 2010, le **Paulie Gee's**, dans Greenpoint. On compte une trentaine de pizzas au menu, dont huit végétariennes. Essayez la Greenpointer avec mozzarella fraîche, roquette, huile d'olive, citron et copeaux de parmesan. Si vous n'êtes pas d'humeur à attendre qu'une table se libère, commandez une pizza à emporter et allez pique-niquer dans Transmitter Park, au bout de la rue (A) [60 Greenpoint Ave].

281

L'hôtel-appartement

285
À ceux qui cherchent à s'éloigner un peu de Manhattan, le **Box House Hotel** propose des appartements miniatures en guise de chambres. Certains ont même une terrasse avec vue sur Manhattan, et d'autres, une mezzanine. Un vieux taxi des années 1970, garé devant la porte, peut vous conduire gratuitement dans les environs. L'hôtel propose aussi une navette vers le traversier qui vous amènera à Manhattan en quelques minutes en franchissant East River. Le prix des chambres débute à 189 $ la nuit, pour un séjour d'au moins 3 nuits [77 Box St].

Le bed & breakfast branché

286
Urban Cowboy, une maison de ville convertie en bed & breakfast au design moderne, réserve une expérience unique à ses hôtes (urbancowboybnb.com). En plus des quatre chambres à l'étage et d'une vaste salle commune avec cuisine à aire ouverte, on propose dans la cour une cabane (Kanoono Cabin) au décor digne d'un chalet des Adirondacks, avec lit king, kitchenette et baignoire (environ 400 $ la nuit). Après un séjour au Urban Cowboy, on se sent un peu plus brooklynois. La chambre simple coûte environ 100 $ la nuit, et la double, 200 $ [111 Powers St].

288

Le bazar de nuit

287 La preuve que New York est une ville qui ne dort jamais, elle a son marché aux puces de nuit ! **Brooklyn Night Bazaar**, situé dans un espace de plus de 2000 mètres carrés, rassemble kiosques de bijoux, de vêtements et de nourriture. Il y a aussi des tables de ping-pong, un mini-golf et une salle de concert à l'arrière. C'est un endroit intéressant pour découvrir des groupes locaux, tous les vendredis et samedis, de 19 heures à 1 heure du matin [165 Banker St].

Si Brooklyn était une ville, elle serait la quatrième des États-Unis par sa population. Le tiers des New-Yorkais y vivent, soit près de 2,6 millions d'habitants. Le nom « Brooklyn » vient de *Breuckelen* (aujourd'hui Breukelen), une ancienne commune des Pays-Bas. #onlyinNY

Les danseurs du *boardwalk*

288 La plage de Coney Island est relativement propre et le *boardwalk* est beaucoup plus authentique que celui d'Atlantic City. Je vous suggère d'y aller au printemps ou au début de l'été, parce que, dès la fin juin, après le défilé des sirènes (*Mermaid Parade*), l'endroit devient très achalandé. Ligne directe en métro par les trains D, F, N et Q.

On peut y côtoyer les habitants du quartier, des personnages colorés, de vieux couples d'Europe de l'Est et les fameux danseurs de la promenade. Ces derniers ont fondé une association en 1996 et se rassemblent tous les week-ends pour danser sur le quai, sous la musique de DJ house et soul.

Vous y verrez peut-être **Tony Disco**, un heureux mélange d'Elvis et de Tony Manero, le personnage incarné par John Travolta dans *Saturday Night Fever*. Tony Disco a plus de 80 ans et danse coiffé de son fedora blanc et vêtu d'une chemise hawaïenne.

Le quartier des vacances

289

Il y a quelque chose de magique dans le fait de prendre le métro à Manhattan et de se retrouver, 45 minutes plus tard, dans un autre univers, loin du chaos de la ville. Pour le prix d'un simple ticket, on peut se payer une journée de vacances à **Coney Island**, une ancienne île devenue péninsule, située à la pointe sud de Brooklyn.

Le parc d'attractions **Luna Park** fait face à l'océan Atlantique. Contrairement à des parcs comme ceux de la chaîne Six Flags, qui sont des enclaves clôturées et coupées du monde, celui de Coney Island est ouvert, sans prix d'entrée. Le Cyclone, tout en bois, est le plus célèbre manège de Luna Park, et malgré ses 88 ans il est toujours terrifiant. La première descente fait 26 mètres de haut et le train tourne dans les virages à 60 kilomètres à l'heure. À l'été de 2014, on y a inauguré un nouveau parcours de montagnes russes, le Thunderbolt, où le train atteint une vitesse maximale de 88 kilomètres à l'heure.

Le hot dog légendaire

290

La visite à Coney Island n'est pas complète sans un arrêt au célèbre comptoir à hot dogs **Nathan's**, fondé en 1916 par un immigrant polonais, Nathan Handwerker. L'établissement fait partie de l'héritage multiculturel de New York. Un grand panneau d'affichage, sur le côté de l'immeuble, indique le nombre de jours qui restent avant le prochain concours annuel de mangeurs de hot dogs. Tous les 4 juillet, jour de la fête nationale, des centaines de personnes y participent. En 2014, le gagnant Joey Chestnut a avalé 61 hot dogs en 10 minutes. Haut-le-cœur assuré! [1310 Surf Ave]

La meilleure pizza de Coney Island

291

La pizzeria napolitaine **Totonno's**, aux murs ornés de photos de Joe DiMaggio, Lou Reed et autres personnages notoires, appartient à la même famille depuis 1924. Le commerce d'Antonio «Totonno» Pero a survécu à plusieurs désastres depuis sa fondation, dont un important incendie en 2009 et les ravages de l'ouragan Sandy en 2012. La pizza qu'on y prépare est l'une des meilleures en ville (la mozzarella est faite maison et les tomates viennent d'Italie). Totonno's est ouvert du jeudi au dimanche inclusivement, de midi à 20 heures; mais on ferme quand il ne reste plus de pâte à pizza [1524 Neptune Ave].

Le quartier russe

292

Depuis Coney Island, on peut atteindre **Brighton Beach** en une dizaine de minutes de marche par le *boardwalk* — une de mes promenades préférées. Le long de la plage, les immeubles de briques rouges abritent la plus importante diaspora russe hors de Moscou. C'est le dépaysement total. J'aime m'asseoir à l'une des grandes terrasses qui font face à la mer, dont celle du restaurant kitsch **Tatiana** (A), pour regarder défiler les personnages les plus typiques qui soient [3152 Brighton 6th St; l'entrée est sur le *boardwalk*]. On peut rentrer à Manhattan en métro depuis Brighton Beach [lignes B ou Q].

Le *godfather* de la pizza

293

Dans le quartier Midwood, où a grandi Woody Allen, se trouve la pizzeria Di Fara de **Dom DeMarco**. On surnomme le pizzaiolo septuagénaire le «parrain new-yorkais de la pizza». On va même jusqu'à dire qu'il confectionne la meilleure de toute la côte Est. Depuis 50 ans exactement, il s'y adonne chaque jour avec la même passion.

«*Buon giorno, veni, veni!*» me lance l'homme au regard azur, les mains blanches de farine. Je me glisse derrière le comptoir, où trône une vieille caisse enregistreuse rouillée, pour mieux le voir à l'œuvre. Il peut faire 50 degrés, il y a de l'huile d'olive partout. Les lieux n'ont pas changé depuis 1964, les murs sont tapissés d'articles de journaux élogieux et de vieilles photos jaunies d'Italie.

Niché à l'angle de l'Avenue J et d'East 15th Street, dans un quartier qui ne paie pas de mine, Di Fara connaît un succès fou qui reste un mystère même pour le principal intéressé. «Qui aurait cru qu'un comptoir de pizza survivrait dans un quartier juif?» Manhattan est à 45 minutes de métro, mais on vient d'aussi loin que du Japon, de Londres et de Floride pour faire le pied de grue devant l'établissement. Et personne ne maugrée, malgré les deux heures d'attente. Le vieil homme insiste pour faire les pizzas lui-même, une par une. Il note les commandes sur des assiettes de carton.

Personne d'autre ne touche aux ingrédients ou au four. Il peut confectionner 150 pizzas par jour, à son rythme. Il utilise des outils de l'âge de pierre et sort les pizzas du four à mains nues. Difficile de trouver plus authentique, de nos jours. À ses yeux, tous les autres restaurateurs de la ville sont des imposteurs.

Di Fara remporte la palme de la pizza la plus chère de tout New York. Une pointe coûte 5$ et la pizza entière, au moins 28$. «J'importe tous mes produits d'Italie, et le coût du transport augmente, alors je n'ai pas le choix», se contente de dire le chef.

Voilà justement le secret de Dom DeMarco: il n'utilise que des ingrédients qui viennent de Caserta, son village natal non loin de Naples, comme la farine, l'huile d'olive, les tomates fraîches San Marzano et la mozzarella di bufala qu'il reçoit par cargaison deux fois par semaine. «Très fraîche», dit-il tout en étendant généreusement la mozzarella sur la pâte. Le basilic, qu'il coupe avec de vieux ciseaux, vient d'Israël. Il termine le tout avec beaucoup d'huile d'olive et une grosse poignée de grana padano (un fromage traditionnel de lait de vache). La pizza, c'est toute sa vie. «Je vais continuer jusqu'à ce que je ne puisse plus marcher.» Le restaurant est ouvert du mercredi au dimanche [1424 Ave J].

299 •299

E 60TH ST

QUEENSBORO BRIDGE

E 58TH ST

•295

ROOSEVELT ISLAND

NEW YORK

SUTTON PLACE

FRANKLIN DELANO ROOSEVELT DR

300 • 300

CONNECTICUT

•295

•295

EAST RIVER

A

NEW JERSEY

•298 298

A

MANHATTAN

LONG ISLAND

•294

•298 296

• Voir + photographier
• Boire + manger
• Shopping + brocante
• Arts + culture
• Activités + promenades

297 •
SANDY HOOK

294

295 A

ROOSEVELT ISLAND

295 B

L'île où s'évader

294

Governors Island est une des mes escapades préférées. Située au sud de Manhattan, la petite île n'est ouverte au public que pour la saison estivale (fin mai à fin septembre). Elle est accessible en quelques minutes par ferry depuis le Battery Maritime Building [10 South St]; le passage aller-retour coûte 2 $ (gratuit pour les enfants).

Governors Island, que l'on surnommait «l'Alcatraz de l'est», a servi de base militaire jusque dans les années 1960. Castle Williams, au nord-ouest de l'île, a été construit en 1807 dans l'éventualité d'une invasion britannique.

L'endroit a toujours été interdit au public, jusqu'à ce que la Ville de New York transforme l'île en espace public en 2005. Le projet de 250 millions de dollars a redonné une seconde vie aux bâtiments militaires abandonnés. On y trouve aujourd'hui plusieurs aires de jeux, des installations artistiques, deux terrains de baseball, un labyrinthe de haies, un bosquet doté de 50 hamacs et des sentiers pédestres.

C'est un bon endroit pour admirer la statue de la Liberté loin des touristes, faire du vélo (on peut en louer un sur place ou apporter le sien sur le ferry), assister à des concerts en plein air et faire des pique-niques.

Le meilleur moment pour s'y rendre est durant le Jazz Age Lawn Party. On y fête comme dans les années folles : les participants se déguisent et dansent sur la musique du Dreamland Orchestra, dans une atmosphère digne de *Gatsby le Magnifique*. Il y a aussi un concours de tartes, une exposition de voitures des années 1920 et des cours de danse. L'événement se déroule sur deux week-ends, en juin et en août (jazzagelawnparty.com).

Ruines et mémorial

295

Île étroite d'East River, située entre Manhattan et Queens, **Roosevelt Island** était connue jusqu'au milieu du XXe siècle comme l'île des plus démunis (on l'appelait Welfare Island). On n'y trouvait que des hôpitaux, des pénitenciers et des asiles. Dès les années 1970, l'île a fait l'objet d'un développement résidentiel et compte aujourd'hui environ 14 000 résidants. Ce nombre risque d'augmenter bientôt, puisque, au cours des 20 prochaines années, l'université Cornell y établira un tout nouveau campus pour son institut de technologie.

L'île abrite une des ruines les plus célèbres de New York, le **Smallpox Hospital** (A). Fondé en 1856, l'établissement de style néo-gothique a été laissé à l'abandon dans les années 1950. Ce sont les seules ruines de la ville inscrites au Centre des monuments nationaux. Si vous avez vu la comédie romantique *For Love or Money* (1993), avec Michael J. Fox, c'est l'immeuble que Doug Ireland veut convertir en hôtel.

À l'extrémité sud de l'île se trouve le mémorial **Franklin D. Roosevelt Four Freedoms Park** (B), qui aura mis une quarantaine d'années à voir le jour. Dévoilé en 2012, il a été dessiné par le célèbre architecte américain Louis Kahn, mort en 1974.

Le meilleur moyen (et le plus amusant) de visiter Roosevelt Island est de prendre le téléphérique rouge sur Tramway Plaza, au Roosevelt Island Tram Station, à l'intersection d'East 60th Street et 2nd Avenue, à Manhattan. On peut aussi y aller en métro [ligne F, station Roosevelt Island].

Hipsters et surfeurs

296

Rockaway Beach, dans l'arrondissement Queens, a inspiré la fameuse chanson des Ramones. C'est aussi la plus grande plage publique urbaine des États-Unis et la seule à New York où l'on peut surfer en toute légalité. Elle accueille donc une grande communauté de surfeurs, mais aussi plusieurs kiosques de restaurants le long du *boardwalk*, dont celui qui se trouve à peu près à la hauteur de 105th Street. C'est un peu l'équivalent *on the sea* du quartier Williamsburg de Brooklyn.

Malheureusement, la communauté a été en grande partie dévastée par l'ouragan Sandy en octobre 2012, mais elle se reconstruit tranquillement. Les plages ont été restaurées et de nouveaux restaurants et hôtels ont ouvert leurs portes. C'est le cas du **Playland**, un motel de 12 chambres édifié sur les ruines d'un immeuble du XIXe siècle ravagé par la tempête. Chaque chambre a été décorée par un artiste de Brooklyn ; dans l'une d'elles, le lit est sous un tipi. La terrasse recouverte de sable et de chaises de plage multicolores est très courue l'été à cause des DJ invités. C'est le genre d'endroit où l'on va faire la fête plutôt que se reposer.

Le prix des chambres varie de 60 $ les soirs de semaine à 250 $ le week-end [97-20 Rockaway Beach Blvd].

Le populaire restaurant **Rockaway Taco** se trouve juste à côté. Depuis son ouverture en 2008, la cabane de bois déglinguée est devenue un véritable phénomène. C'est un endroit à la fois hip et bohème, qui donne une âme à ce quartier délabré. On y sert d'excellents tacos au poisson et au tofu à 3 $ chacun [95-19 Rockaway Beach Blvd].

On peut se rendre à Rockaway Beach en métro, par la ligne A, ou par le ferry qui part de Wall Street, Pier 11, le week-end et les jours fériés. L'aller-retour coûte 30 $; sens unique, 20 $ [newyorkbeachferry.com].

La plage de sable blanc avec vue sur Manhattan

297

Techniquement, **Sandy Hook** se trouve au New Jersey, mais c'est un endroit très prisé des New-Yorkais qui veulent échapper à l'humidité écrasante du mois d'août. Sandy Hook est une péninsule d'une dizaine de kilomètres de long, un des premiers lieux où les colons européens ont débarqué en 1609. Le phare date de 1764.

Les nombreuses plages publiques de sable blanc sont accessibles en ferry depuis le sud de Manhattan en 40 minutes avec la compagnie Seastreak (seastreak. com/sandyhook.aspx). Les plages sont surveillées et l'on y trouve snack-bars, salles de bains et douches. Sachez qu'une des plages, **Gunnison Beach**, est fréquentée par les nudistes. La meilleure façon d'explorer Sandy Hook est d'apporter son vélo sur le ferry ou d'en louer un sur place.

298

L'île des fruits de mer

298

On surnomme **City Island** les «Hamptons du Bronx». L'île méconnue est surtout fréquentée l'été pour ses nombreux restaurants de fruits de mer, qui se font concurrence sur l'artère principale, City Island Avenue. Un peu plus de 4000 personnes habitent la petite île de 2,5 kilomètres sur 1 kilomètre, des familles qui y restent de génération en génération. C'est une île de pêcheurs où l'on peut voir quelques maisons centenaires ; malheureusement, la plupart manquent de soins. Plusieurs films ont été tournés à City Island, dont *Awakenings*, avec Robert De Niro et Robin Williams, et *The Royal Tenenbaums* de Wes Anderson. Le **Johnny's Reef** se trouve à la pointe sud de l'île. Le restaurant de style cafétéria n'a pas changé depuis les années 1950. On peut s'y régaler de *fish and chips*, crevettes et calmars frits, homard grillé sur une des nombreuses tables à pique-nique qui font face à Eastchester Bay [2 City Island Ave]. On peut s'y rendre en transport en commun par la ligne 6 du métro, descente à la dernière station [Pelham Bay Park], avec correspondance d'une douzaine de minutes par le bus BX29.

Le parc des sculptures

299 Lorsque vous serez en route vers New York ou sur le chemin du retour vers le Québec, faites halte au **Storm King Art Center**, un immense parc de sculptures de 200 hectares situé à environ 75 minutes au nord de Manhattan, dans la vallée de l'Hudson. Le musée d'art contemporain à ciel ouvert regroupe une centaine de sculptures géantes d'artistes tels que Louise Bourgeois, Alexander Calder, Roy Lichtenstein, David Smith, Richard Serra et Isamu Noguchi.

Le paysage parsemé de collines sculptées, d'étangs, de plaines et de forêts vaut le détour à lui seul. Le meilleur moyen d'explorer les lieux demeure le vélo ; on peut en louer sur place. Prévoyez environ deux heures pour cette visite. Le prix d'entrée est de 15 $ pour les adultes et 8 $ pour les enfants de 5 à 18 ans [1 Museum Rd, New Windsor]. La compagnie Coach USA peut aussi vous y amener depuis le Port Authority Bus Terminal à Manhattan.

Se ressourcer à la ferme

300 Je combine habituellement une promenade au **Storm King Art Center** avec une visite au Centre pour l'alimentation et l'agriculture **Stone Barns**, une destination gastronomique très prisée des New-Yorkais et l'antre du mouvement Slow Food à New York. Le terrain de 80 hectares, situé à environ 45 minutes au nord de Manhattan, dans Westchester County, comprend une ferme, un restaurant sis dans une magnifique grange de pierre des années 1930, et un centre éducatif. Ce projet de 30 millions de dollars a été financé par la famille Rockefeller.

L'endroit est ouvert à longueur d'année, du mercredi au dimanche, et les familles apprécient le poulailler, la bergerie et les serres. Un café avec une grande terrasse permet de déguster des plats du jour confectionnés avec des produits de la ferme. Il y a aussi une boutique de produits de la table.

Pour manger au **Blue Hill**, restaurant du chef réputé Dan Barber, un des instigateurs du mouvement Farm-to-Table aux États-Unis, mieux vaut réserver deux mois à l'avance. Le menu dégustation coûte de 138 $ à 198 $. Il est toutefois possible de manger au bar sans réservation et le menu est alors un peu moins onéreux.

300

index

Les numéros de l'index renvoient à l'une des 300 raisons d'aimer New York.